Rudolf Schröck

DIE SCHÖNSTEN
Biergärten
IN MÜNCHEN UND UMGEBUNG

Damit Du Dich im fernen
Süden auch ganz schnell heimelig
fühlst
Ich habe auf jeden Fall die
- zwar etwas kurze - Zeit in der
Feuerbachstraße mit Dir sehr
genossen: Mit wem trinke ich den
jetzt Kaffee ???

Ina

Lieber Stephan,   Juli 2004
dieses Buch hab ich vor 3 Jahren von Ina bekommen-
ich brauche es nun nicht mehr und ich glaube, bei dir
ist es in guten Händen. Soll ja in der Familie bleiben...
Musst mir nur versprechen, dass du bei jedem kühlen Getränk im Biergarten **SÜDWEST** kurz an mich denkst!
ohay?!? Werd dich vermissen, Inga

Inhalt

Einführung
Zur Geschichte des Bieres, der Bierbrauer, der
Bierkeller und der Biergärten in München   4

Biergärten in München

Grün Tal, München

Biergärten in der Umgebung von München

Brückenwirt, Höllriegelskreuth

Klosterbrauerei Andechs

Zur Geschichte des Bieres, der Bierbrauer, der Bierkeller und der Biergärten in München

Die Biergärten sind wahrscheinlich die schönste Erfindung der Münchner Gastronomie. Sie sind auch Bestandteil der Münchner Jahreszeiten. Denn neben Frühling, Sommer, Herbst und Winter kennt man an der Isar eine fünfte Jahreszeit: das Biergarteln. Allein in München gibt es knapp 130 000 Plätze unter freiem Himmel, wo man seine Maß, sein Weißbier und seine Brotzeit inhalieren kann, zumeist unter Kastanien und an langen Holztischen – ein klassenloses Vergnügen.

Das Bierbrauen und seine heiligen Gesetze

Dabei verdanken wir die Biergärten nicht dem Theoretiker der klassenlosen Gesellschaft, Karl Marx, sondern der katholischen Kirche und zwei ihrer Heiligen. Denn die bayerische Brauordnung aus dem Jahre 1539 legte fest, dass nur zwischen dem Festtag des heiligen Michael (29. September) und dem Ehrentag des heiligen

Hinein ins Vergnügen! Dutzende Biergärten erwarten in München den durstigen Zecher, wie hier am Gasthof Hinterbrühl. Unter schattigen Bäumen lässt es sich bei Bier und Brezn besonders gut „ratschen", wie hier der gemütliche Schwatz bezeichnet wird.

Georg (23. April) gebraut werden durfte. In den sechs Monaten zwischen dem heiligen Georg und dem heiligen Michael war es den Münchner Brauereien verboten, Bier zu produzieren, weil in den Sommermonaten erhöhte Brandgefahr beim Biersieden bestand. Die aristokratisch-bajuwarischen Bürokraten versiegelten in dieser Zeit die Sudpfannen. Die Brauer mussten deshalb ihr Bier auf Vorrat herstellen, daher auch das besonders starke, gehopfte und länger haltige „Märzenbier" im Monat März. Doch die Kardinalfrage blieb: Wie brachte man in einer Zeit, wo es noch keinen Kühlschrank und kein Kunsteis gab, das Bier über den Sommer, ohne dass es umkippte?

Die Bierkeller – historische Kühlschränke

Die Lösung fanden die pfiffigen Brauer im Bauen von unterirdischen Bierkellern – daher die auch heute noch gängigen Namen: Hofbräukeller, Löwenbräukeller, Salvator- und Paulaner-Keller. Das Problem allerdings war der relativ hohe Münchner Grundwasserspiegel. Das Graben nach Kühlräumen für das „Märzenbier" hatte eine objektive geologische Beschränkung. Und deshalb kamen die Kastanien nach München. Die Brauer sorgten für oberirdische Kühlung durch Schatten spendende Gewächse, die über den Bierkellern gepflanzt wurden. Da die Rosskastanie der einheimische Baum mit den größten, also Schatten spendendsten Blättern war,

Ein besonderer Service in der Neuen Schießstätte: Damit bei sommerlicher Hitze das Bier nicht warm wie Suppe wird, spendiert der Wirt einen „Bayerischen Bierschatten".

Wer Münchens Schönheiten kennen lernen will, der muss ins Seehaus gehen. Dort treffen sich schöne Frauen mit reichen Männern und schnattern mit den Enten um die Wette.

5

wurde sie zum traditionellen Bierbaum. So simpel also ist das geheimnisumwitterte Verhältnis von Bier und Kastanie.

Die Biergärten – der direkte Weg zum Endverbraucher

Doch wie kam's nun zum Biergarten? Am Anfang standen der Kaiser, der König und der Kapitalismus. Napoleon, der selbst ernannte Franzosenherrscher und Königsmacher im kurzfristig eng verbündeten Bayern, drängte seine Wittelsbacher Bundesgenossen ab 1805 zu einer liberalen Wirtschaftspolitik. König Ludwig I. war es schließlich, der im napoleonischen Geiste den so genannten Bierzwang aufhob. Wirte durften ihre Lieferanten (sprich: ihre Brauer) ab sofort selbst auswählen. Im Gegenzug bekamen die Brauer das Recht auf „Minutoverschleiß". Sie erhielten die Schankerlaubnis für ihre Bierlagerkeller. Sie durften folglich Tische und Bänke unter ihren Kastanien aufstellen und Bier an die Bevölkerung verkaufen. Mit einer Einschränkung: Der Verkauf von Speisen war verboten und ausschließlich den Wirten in deren Lokalen vorbehalten. Die Gäste „auf den Bierkellern" (den heutigen Biergärten) durften (oder mussten) ergo ihre Brotzeit selber mitbringen. Dies ist bis heute noch gültige Biergartenregel.

Allerdings: Der Begriff „Biergarten" findet sich im ganzen 19. Jahrhundert nicht. Ferdinand Erling, der frühere Leiter des Deutschen Brauereimuseums, hält ihn sogar für eine „rein journalistische Erfindung der Nachkriegszeit". Denn ein Münchner ging früher nicht in den Biergarten, sondern „auf den Bierkeller". Historisch völlig korrekt – die Heiligen Georg und Michael, die Monarchen Napoleon und Ludwig lassen grüßen.

Biergarteln ist gesund, wenn man als richtiger Sportler mit dem Fahrrad zum Maßkrugstemmen, z. B. zur Inselmühle, fährt. Unterm schattigen Kastaniendach im Hofbräuhaus (rechte Seite) lässt sich auch gut vom Alltag entspannen.

Jeder Biergarten hat seinen eigenen Maibaum. Er verkündet auch, welches Bier ausgeschenkt wird.

Ein Reh im Hirschgarten. Während die Eltern Brezn essen und Bier trinken in Münchens größtem Biergarten, füttern ihre Kinder die Tiere mit Gras.

Das Münchner Reinheitsgebot

Gemein und einfach war über Jahrhunderte das viel gerühmte bayerische Bier. Mangelnde Hygiene und fehlende Kühlvorrichtungen machten aus dem sagenumwobenen Nationalgetränk oftmals ein entsetzlich schmeckendes Abführmittel, das zwischenzeitlich mehrmals verboten werden musste. Die Unzulänglichkeiten der Brauer und ihr Hang, das Bier mit wohlriechenden Zusätzen zu „verfeinern", machten aus Bayerns stockkonservativen Herrschern wahre Revolutionäre. Am Tag des heiligen Andreas (30. November) des Jahres 1487 erließ Herzog Albrecht VI. das „Münchner Reinheitsgebot": Aus nichts anderem als Gerste, Hopfen und Wasser (die Hefe kam erst im 19. Jahrhundert dazu) durfte das Bier gesotten werden – ein historisches Grundgesetz, das der Freistaat auch in Zeiten liberaler EU-Verträge noch heute verteidigt. Der Sohn des Herzogs, Wilhelm IV., weitete den Erlass auf dem Landtag zu Ingolstadt im Jahre 1516 zum bayernweiten Gesetz aus: Das Reinheitsgebot war geboren, streng genommen: in München erfunden, worauf wir mit Recht stolz sein können.

Mönche – die ersten Bierbrauer

Den Heiligen verdanken wir die Biergärten und den Mönchen das Bier. Schon im Jahre 815 – so berichtet Münchens oberster Bierhistoriker Gerhard Merk – lieferte der Oberföhringer Diakon Huezzi seinem Bischof eine Fuhre Selbstgebrautes. Und die Benediktiner gründeten 1040 in Weihenstephan die (angeblich) älteste Brauerei der Welt. In diese Hopfenliturgie passt natürlich auch die Tatsache, dass ausgerechnet die fundamentalistischen Vegetarier des Paulanerordens das erste Starkbier Münchens brauten – den (später so genannten) Salvator. Es geht die Mär um – Journalisten gab's damals noch nicht –, dass die Gebetsstunden und Exerzitien der Paulanerbrüder sehr lustig gewesen sein sollen. Aber nix gwiss woaß ma ned!

Bierpreise – Grund zum Volksaufstand

Bierpreiserhöhungen konnten jedoch auch aus bieder-konservativen Einheimischen gestandene Stadtguerillakämpfer machen.

Biergarteln ist Familiensache, auch wenn es Bier erst ab 16 gibt. Papa richtet den Ausflug zum Wochenende am liebsten so ein, dass er bei einer gescheiten Maß endet. Und wenn Sohnemann zu sehr quengelt, dann darf er eben mal nippen.

Die Erhöhung des Bierpreises von sechs auf sechseinhalb Kreuzer im Jahre 1844 führte zu einem Volksaufstand, bei dem rund 50 Brauereien verwüstet wurden. Der alte Preis musste wieder eingeführt werden. Auch 1848 und 1910 entlud sich der Volkszorn an (geringfügigen) Preiserhöhungen des alkoholischen Grundnahrungsmittels. Der Großbrauer Georg Pschorr, dessen Privathaus gestürmt wurde, entging nur knapp der Lynchjustiz.

Die Russn-Maß für die roten Bayernrevoluzzer

Selbst die sozialistische Revolution im Frühjahr 1919, die Gründung der Münchner Räterepublik, hatte engen Bierbezug. Das Hauptquartier der Roten war der Mathäser am Hauptbahnhof. Und damit die revolutionären Wachen nicht durch den Dauergenuss des Bieres einschliefen, wurde ihnen ein mit Limonade gestrecktes Weißbier verabreicht – seitdem im Volksmund die „Russn-Maß" genannt. Denn die roten Bayernrevoluzzer galten als Leninisten, als „Russn".

Biergartenkultur heute

Die Revolution ging vorüber, und ein neuer, ganz reaktionärer Zeitgeist macht sich in Sachen Biergartenkultur breit: die juristische Klage gegen Biergärten wegen Ruhestörung. Die Fälle in München häufen sich. Zwischenzeitlich wurde sogar der Wirt der Waldwirtschaft Großhesselohe dazu verurteilt, seinen Biergarten wegen Lärmbelästigung jeden zweiten Sonntag zu schließen. Vorbei schienen die Zeiten, als das Münchner Verwaltungsgericht noch die Biergärten zum „öffentlichen Interesse der Bewohner" erklärte und die Klagen der Biergartennachbarn abwies, so wie das bei einem Prozess 1995 um den Dachauer Zieglerkeller beispielsweise der Fall war. Doch da erhob sich das aufgebrachte Volk zur Revolution. Im Mai 1995 demonstrierten 25000 Biergartenrevoluzzer auf dem Münchner Marienplatz und riefen die „Biergartenrevolution" aus. Nicht nur Grüne und Rote hoben die Fäuste, auch Schwarze und Konservative protestierten mit. Ministerpräsident Edmund Stoiber (CSU), eigentlich kein geborener Revolutionär, stellte sich an die Spitze der Bewegung und gelobte, die Liberalitas Bavariae für Biergärten wie ein wahrer Kämpfer zu verteidigen. Es kam wenigstens ein Biergarten-Gesetz heraus, das die abendliche Öffnung bis mindestens 22 Uhr garantiert. Aber seien wir ehrlich: Revolution war das keine. *Rudolf Schröck*

Schon „Lausbuben"-Dichter Ludwig Thoma trank sein Bier im Bräustüberl in Dachau, als er dort noch Anwalt am Königlich-Bayerischen Amtsgericht war.

Biergärten in München

Seehaus, München

1 Augustiner-Keller

ADRESSE
Augustiner-Keller, Arnulfstraße 52, 80335 München,
Tel. 089/594393. Der Wirt
ist Ludwig Högenauer.

ANFAHRT
Mit der S-Bahn (alle Li-
nien) bis Hackerbrücke,
von dort knapp fünf Mi-
nuten zu Fuß. Oder mit der
S-Bahn (alle Linien)/ U-
Bahn (Linien U2, U3, U4,
U5) bis Hauptbahnhof,
von dort knapp zehn
Minuten zu Fuß. Mit dem
Auto über Arnulf- oder
Marsstraße anfahren, dann
im Gebiet zwischen Circus
Krone und Finanzamt
(Deroystraße) Parkplatz
suchen.

ÖFFNUNGSZEITEN
Täglich von 10 Uhr vormittags bis 1 Uhr nachts.

FASSUNGSVERMÖGEN
5000 Sitzplätze unter
vielen Kastanien.

BIERSORTEN
Alle Augustiner-Biere.

VERPFLEGUNG
2000 Plätze mit Bedienung,
3000 mit Selbstbedienung
aus den Standln der
Schmankerlgasse.

KINDER
Spielplatz mit Schaukel,
Kletterturm.

„Mir san mir", und das soll
so bleiben. Deswegen wird
im Augustiner-Keller·der
Stammtisch verteidigt wie
das Vaterland.

„Im Augustiner", so sagt der Volksmund, „spuit de Musi glei zwoa-
moi ned." Erstens: sowieso nicht, und zweitens: wegen der Hinge-
richteten. Letzteres stimmt, historisch gesehen. Denn direkt gegenüber dem heutigen Riesenbiergarten (5000 Sitzplätze) an der
Arnulfstraße war bis zum 19. Jahrhundert die öffentliche Richt-
stätte der Stadt München. 1854 wurde die letzte Hinrichtung mit
dem Schwert vollzogen (an einem 19-jährigen wegen Mordes),
1861 die letzte öffentliche Hinrichtung mit der Guillotine.

Auf diesen Schrecken hin sollten Sie sofort eine Maß Augustiner-
Edelstoff aus dem Holzfass tanken. Ein köstlicher Sprit, passend zu
diesem Traditionsbiergarten mit vielen hervorragend sortierten
Brotzeitstandln. Die meisten der rund 100 Kastanien, unter denen
man gemütlich sitzt, sind schon über 100 Jahre alt – auch eine
Tradition.

Eine Besonderheit des Augustiner sind die vielen Stammtische,
200 gibt es heute noch. Einer davon ist sogar mit einem 15000
Mark teuren Ölgemälde verziert, ein anderer hat einen Schirm
(gegen Regen) samt Blitzableiter.

Ja mei, Leit gibt's, de gibt's nur im Augustiner. Ein Besuch ist drin-
gend zu empfehlen.

14

2

Aumeister

ADRESSE
Zum Aumeister, Sonder-
meierstraße 1, 80939 Mün-
chen, Tel. 089/32 52 24.
Die Wirtsleute sind Ilse
und Gerhard Frankl.

ANFAHRT
Mit der U-Bahn (Linie U6)
bis Studentenstadt, dann
zehn Minuten zu Fuß. Mit
dem Auto die Ungerer-
straße stadtauswärts, kurz
nach der Kreuzung Frank-
furter/Föhringer Ring
rechts ab in die Leinthaler
Straße. Parkplatz ist vorhanden, aber Glückssache.
Unser Tip: Radltour durch
den Englischen Garten bis
zum Biergarten.

ÖFFNUNGSZEITEN
Täglich von 9 bis 23 Uhr.

FASSUNGSVERMÖGEN
500 Sitzplätze im Haus-
garten, 2000 im Biergarten.

BIERSORTEN
Alle Biere des Staatlichen
Hofbräuhauses.

VERPFLEGUNG
Im Hausgarten wird nur
bedient, im Biergarten gibt
es Selbstbedienung von
den Brotzeitstandln.
Eigenes Essen darf mitge-
bracht werden.

KINDER
Spielplatz mit Schaukel,
Wippe, Sandkasten und
Karussell.

Der gastronomisch nördlichste Punkt des Englischen Gartens ist Münchens öffentlich-rechtlichster Biergarten. Denn dort finden Sie zu jeder Tageszeit (Bürozeit?) Mitarbeiter und Redakteure des benachbarten Bayerischen Rundfunks beim Recherchieren einer Maß Bier. Früher, als es das Fernsehen noch nicht gab, war hier der Dienstsitz des Königlichen Aumeisters. Hofjagden in den Isarauen

wurden von hier aus organisiert, und zur Stärkung wurde eine Brotzeit mit Zielwasser aus dem Königlichen Hofbräuhaus gereicht. Als mit der Zeit auch ganz normale Isarwanderer und bürgerliche Ausflügler nach Speis und Trank verlangten, war der Königliche Aumeister überfordert und machte einer Hofbräu-Gaststätte Platz, in der heute das Wirtsehepaar Frankl das Regiment über rund 2000 Biergartenplätze führt.

Ein Tip für Ausflügler, die sich bedienen lassen wollen: Das Hirschlendchen von der Karte könnte der Aumeister selber geschossen haben. Weidmanns Heil!

Hier lassen sie es sich gut gehen, die Journalisten. Wo früher die Jäger des Königs verkehrten, sind heute Redakteure vom Bayerischen Rundfunk die Platzhirsche.

3 Brunnwart

Schwabing

ADRESSE
Gasthaus zum Brunnwart, Biedersteiner Straße 78, 80802 München, Tel. 089/36140 58. Die Wirte sind Karin und Michael Goll und Alfons Harlander.

ANFAHRT
Mit der U-Bahn (Linie U6) bis Dietlindenstraße, dann knapp zehn Minuten zu Fuß über Ungerer-/Stengelstraße. Mit dem Auto über die Ungererstraße stadtauswärts bis Ecke Stengelstraße, dann rechts abbiegen.

ÖFFNUNGSZEITEN
Täglich von 11 Uhr vormittags bis 23 Uhr.

FASSUNGSVERMÖGEN
350 Sitzplätze.

BIERSORTEN
Alle Biere von Löwenbräu.

VERPFLEGUNG
Es wird an allen Plätzen bedient, keine Selbstbedienung und Selbstverpflegung.

KINDER
Kein Spielplatz.

Der kleine Biergarten mit knapp 350 Plätzen in Alt-Schwabing, dicht am Englischen Garten gelegen, gilt immer noch als Geheimtip. Früher war der Brunnwart ein Pumpwerk, das Ende des 18. Jahrhunderts für das Schloss Biederstein erbaut wurde. Beides existiert heute nicht mehr, dafür wird dort ein gut eingeschenktes Löwenbräu-Bier in den Maßkrug gepumpt. Seit 1993 führt eine Crew um Michael Goll die Traditionswirtschaft. Der Jungwirt, der als gelernter Friseur beim Prominentencoiffeur Gerd Meir schon Fürstin Gloria das Haar stylte, kreiert angenehmes Biergartenfeeling mit schneller Bedienung an allen Plätzen.

Der Wirt war früher Friseur. Doch heute findet man kein Haar in der Suppe.

4 Chinesischer Turm

Schwabing

ADRESSE
Biergarten am Chinesischen Turm, Englischer Garten 3, 80538 München, Tel. 089/38387 30. Die Wirtsleute sind Anneliese und Hermann Haberl.

ANFAHRT
Mit der U-Bahn (Linien U3 und U6) bis Universität, von dort 15 Minuten durch den Englischen Garten. Oder mit den MVV-Bussen 54 und 154 direkt. Mit dem Auto über Tivolistraße bis zum Biergartenparkplatz. Am besten mit dem Radl durch den Englischen Garten.

ÖFFNUNGSZEITEN
Täglich von 10 bis 23 (manchmal auch 24) Uhr.

FASSUNGSVERMÖGEN
7000 Sitzplätze.

BIERSORTEN
Alle Biere von Löwenbräu.

VERPFLEGUNG
Selbstbedienung an den Brotzeitstandln. Mitbringen eigener Brotzeit ist erlaubt.

KINDER
Spielplatz mit Bayerns ältestem Holzkarussell.

Die fünfstöckige Holzpagode (1790 eingeweiht, 1944 abgebrannt, 1952 wieder aufgebaut) ist das heimliche Wahrzeichen des Englischen Gartens. Dabei ist der „China-Turm" ein schnödes Plagiat aus dem königlichen Schlossgarten von London – was aber noch nie einen Biergartenbesucher gestört haben dürfte. Münchens Liedermacher am allerwenigsten, wenn sie – wie Konstantin Wecker oder die Spider Murphy Gang – den herben Charme des „Chinesen" besingen. Denn der Chinesische Turm ist Münchens buntester Biergarten: Penner und Punker, Freaks und Familien, Schickis und Mickis, Lederbehoste und Miederlose – alle finden sich hier zur Maß ein, Rücken an Rücken, Hintern an Hintern. In keinem Münchner Biergarten wird an einem sonnigen Sommerwochenende so viel Gerstensaft ausgeschenkt wie in Hermann Haberls Goldgrube. Insiderschätzungen – natürlich vom Wirt heftig dementiert – gehen von einer Million Biergartenmaß pro nicht verregneter Saison aus.

Unser Tip: Radeln Sie doch einmal unter der Woche zum Chinesischen Turm. Die beste Zeit zum Losspurten ist von 13 bis 16 Uhr. Dann in der Nachmittagssonne gemütlich eine Maß Bier trinken oder auch zwei. Prost!

Wer den Turm dann doppelt sieht, der sollte lieber aufhören zu trinken.

Hopfengarten

Sendling/Westpark

Der 1600-Mann/Frau-Biergarten gleich bei der Rudi-Sedlmayer-Halle ist eine etablierte und empfehlenswerte Adresse im Münchner Westen. Als 1983 während der Internationalen Gartenbau-Ausstellung (IGA) ein (symbolisches) Hopfenanbaugebiet im Westpark errichtet wurde, entstand passend dazu auch ein neuer Biergarten: der Hopfengarten.

Eine Augenweide ist die Verpflegungsstation im Stile einer geraniengeschmückten Almhütte. Empfehlenswert sind die Spareribs und die Steckerlfische. Der neue Kinderspielplatz mit dem Nostalgiekarussell unterstreicht die Familienfreundlichkeit des Hopfengartens.

ADRESSE
Hopfengarten, Siegenburger Straße 43, 81373 München, Tel. 089/760 88 46. Der Wirt ist Hermann Haberl.

ANFAHRT
Mit der U-Bahn Linie U5 bis Heimeranplatz, dann zehn Minuten zu Fuß Richtung Rudi-Sedlmayer-Halle. Mit dem MVV-Bus 31, 32, 33 bis zur Garmischer Straße. Für Autofahrer sind ausreichend Parkplätze an der Siegenburger Straße vorhanden.

ÖFFNUNGSZEITEN
Täglich von 11 bis 23.30 Uhr.

FASSUNGSVERMÖGEN
1600 Sitzplätze.

BIERSORTEN
Löwenbräu (einschließlich Alkoholfrei).

VERPFLEGUNG
Alle Plätze mit Selbstbedienung. Die eigene Brotzeit kann mitgebracht werden.

KINDER
Neuer Spielplatz mit Sandkasten und Karussell.

Eine Almhütte unter Kastanien – das bietet einzig der Hopfengarten.

6 Fasanerie

Obermenzing

ADRESSE
Fasanerie, Hartmannshofer
Straße 20, 80997 Mün-
chen, Tel. 089/14956 07.
Die Wirtin ist Gisela
Schmidt.

ANFAHRT
Mit der Trambahn
(Linie 12) bis Amalien-
burgstraße. Oder mit den
MVV-Bussen 73, 75 und
77. Mit dem Auto bis
Nymphenburg, dann
über die Menzinger Straße,
rechts ab in die Schragen-
hofstraße, dann links
über die Reinoltstraße
bis zur Fasanerie.
Großer Parkplatz.

ÖFFNUNGSZEITEN
Täglich von 11.30 bis
24 Uhr.

FASSUNGSVERMÖGEN
1500 Sitzplätze.

BIERSORTEN
Alle Biere aus dem Staat-
lichen Hofbräuhaus.

VERPFLEGUNG
Auf 200 Terrassenplätzen
nur Bedienung, ansonsten
Selbstbedienung oder Mit-
bringen eigener Brotzeit.

KINDER
Schöner Spielplatz.

Um ein Missverständnis gleich vorweg zu klären: Gebratene Fasa-
nen oder Leberkäs mit Fasanenei gibt es in dieser historischen
Einöde nicht. Gleichwohl verdankt die Wirtschaft ihren Namen
dem farbenprächtigen Bodenvogel. Denn im 17. Jahrhundert hat-
ten Bayerns Herrscher ein neues Vergnügen entdeckt: die Fasanen-
jagd. Kurfürst Max Emanuel gründete rund um München vier
Fasanerien, um die Vögel zu züchten, dann auszusetzen und danach abzuschießen. Seit 1915, als Zucht und Jagd eingestellt
wurden, gibt es dieses Wirtshaus im Münchner Westen. Inmitten
eines großen Parks, ruhig und abgeschieden vom Großstadtver-
kehr und nicht weit vom Botanischen Garten und dem Nymphenburger Schlosspark entfernt, hat sich in der Fasanerie eine ausge-
zeichnete Gastronomie entwickelt. Kein Wunder übrigens: Der
Juniorchef Frank Schmitt hat sein Kochexamen im Nobelhotel
Vier Jahreszeiten absolviert. Unser Tip: Wild- und Pilzgerichte.

Rechts zum Essen, links zum
Trinken – da kommt's drauf
an, was größer ist: der Hunger
oder der Durst.

7

Flaucher

ADRESSE

Zum Flaucher, Isarauen 8, 81379 München, Tel. 089/ 7232677. Der Wirt ist Hermann Haberl.

ANFAHRT

Mit dem Radl durch die Isarauen in Richtung Thalkirchen. Mit der U-Bahn (Linie U3) bis Brudermühlstraße, von dort zehn Minuten zu Fuß. Mit dem Auto über die Schäftlarnstraße stadtauswärts bis in Höhe Hans-Preißinger-Straße (an der Isar). Parkplätze gäb's im Prinzip, wenn bloß nicht so viele Autos da wären.

ÖFFNUNGSZEITEN

Täglich von 10 bis (maximal) 24 Uhr.

FASSUNGSVERMÖGEN

2000 Sitzplätze.

BIERSORTEN

Alle Löwenbräu-Biere vom Fass.

VERPFLEGUNG

Vollservice, Selbstbedienung und selbst mitgebrachte Brotzeit.

KINDER

Großer Spielplatz und viel Grün.

Beim Stichwort „Flaucher" fallen einem Münchner in der Regel zwei Begriffe ein: die Nackerten und die Grüabigen. Womit eigentlich alles über das herrliche Inselareal zwischen der Brudermühl- und der Thalkirchener Brücke inmitten der Isarauen gesagt wäre. Dass die Sucht nach heimischer Sonnenbräune und ein in München weit verbreiteter Hang zum Exhibitionismus auch die Spe-

zies der Spanner anziehen, wenn's ums Ausziehen geht, ist ein anderes Flaucher-Problem. Sei's drum: Für Radler, Bierfreunde und Sonnenanbeter ist der Biergarten Zum Flaucher Flucht- und Zielpunkt in einem. Hier gibt's die Maß, hier will ich sein – frei nach Goethe. 2000 durstige Seelen finden unter Kastanien und Linden ein wunderschönes Fleckerl für die Entspannung. Unser Essenstip: ein würziger Steckerlfisch. Bei schönem Wetter hat der Flaucher bis Mitternacht geöffnet. Da nur ein Teil des großzügig angelegten Biergartens beleuchtet ist, ist Romantik angesagt. Also: Kerzen mitbringen!

Gut Ding will Weile haben. Deshalb nimmt Papa einen tiefen Schluck aus dem Maßkrug, bevor er seine Trümpfe auf den Tisch legt.

8 Forschungs-Brauerei

ADRESSE
Forschungs-Brauerei, Unterhachinger Straße 76, 81737 München, Tel. 089/670 11 69. Der Wirt ist Heinrich Jakob.

ANFAHRT
Mit der S-Bahn (Linie S1) bis Perlach, dann ein paar Minuten zu Fuß. Mit dem MVV-Bus 95 bis Pfanzeltplatz, von dort zehn Minuten zu Fuß. Mit dem Auto die Ottobrunner Straße stadtauswärts, dann rechts in die Unterhachinger Straße abbiegen. Aber, Autofahrer, Vorsicht! Der Doppelbock hat 18,5 Prozent Stammwürze.

ÖFFNUNGSZEITEN
Wochentags von 11 bis 23 Uhr, an Sonn- und Feiertagen von 10 bis 22 Uhr. Montag ist Ruhetag.

FASSUNGSVERMÖGEN
400 Sitzplätze.

BIERSORTEN
Helles Pilsissimus, Blonder St.-Jakobus-Bock.

VERPFLEGUNG
Vollservice. Keine Selbstbedienung oder Selbstversorgung.

KINDER
Karussell und Schaukelpferde.

Wenigstens serviert der Diplombraumeister sein Bier nicht im Reagenzglas, wenn Gäste in seine Forschungs-Brauerei kommen.

Der Biergarten der „Forschung" ist sicherlich nix für Biergartenästheten: keine Bäume (weil sie verboten sind), die S-Bahn rattert vorbei, und Brotzeit mitbringen ist auch nicht erlaubt.

Aber: Für Bierspezialisten ist die Forschungs-Brauerei der Tip schlechthin. Denn hier werden zwei Bölkstoffe der Extraklasse gezapft: das sehr herbe Superpils Pilsissimus (13,4 Prozent Stammwürze) und der süffig-starke Doppelbock (von wegen Sankt Jakobus, der ist nicht heilig, sondern teuflisch – mit 18,5 Prozent Stammwürze). Die nur in der Forschungs-Brauerei erhältlichen Gerstensaftmixturen sind hauseigene Produkte des Wirts und Diplombraumeisters Heinrich Jakob, seines Sohnes und seines Schwagers, die wahre Meister im bayerischen Biersieden sind.

Unser Tip: Bevor es Ihnen geht wie jenen Menschen im Bermudadreieck (abgestürzt und verschwunden), gönnen Sie sich aus der guten Forschungs-Küche eine entsprechende solide Unterlage – Wacholderfleisch, Surhaxn oder Wammerl mit Kraut. Hinterher gäb's auch noch hauseigenen Malzlikör und Bittermalz – aber ob der Genuss Ihnen bekommt, das müssen Sie mit Ihrer Leber schon selbst bereden. Auf alle Fälle ein idealer Biergarten – wegen seines Karussells auch für Kinder ein begehrter Ort.

26

Franziskanergarten

Waldtrudering

Zu den schönsten Sommerausflugszielen der Waldtruderinger (und nicht nur der) zählt dieser urige Biergarten mit 2000 Plätzen unter riesigen Kastanien. Ein besonderes Schmankerl sind Steckerlfische vom großen Rundgrill, dazu gibt es eine empfehlenswerte Grillstation für fleischliche Genüsse. Die Franziskaner-Weiße und die Spaten-Maß sind gut eingeschenkt. Kinder finden im gesicherten Spielplatzbereich ihr eigenes Reich. Für sie und auch erwachsene Naschkatzen ist das reichhaltige Kuchenbuffet eine willkommene Abwechslung. Neben den Selbstbedienungsständen ist das Mitbringen eigener Brotzeit erlaubt.

ADRESSE
Franziskanergarten, Friedenspromenade 45, 81827 München, Tel. 089/430096. Der Wirt ist Richard Bredenfeld.

ANFAHRT
Mit dem MVV-Bus 94 bis Haltestelle Vogesenstraße. Mit dem Auto über die Wasserburger Landstraße (B 304) stadtauswärts bis Ecke Friedenspromenade, dann rechts abbiegen.

ÖFFNUNGSZEITEN
Täglich von 10 bis 23 Uhr.

FASSUNGSVERMÖGEN
2000 Sitzplätze.

BIERSORTEN
Alle Biere von Spaten-Franziskaner.

VERPFLEGUNG
Selbstbedienung von den Standln, Mitbringen eigener Brotzeit erlaubt.

KINDER
Schöner Spielplatz.

Das Tor zur Ruhe: Im Franziskanergarten lässt es sich unter den großen Kastanien gut entspannen.

10

Grün Tal

ADRESSE
Wirtshaus im Grün Tal, Grüntal 15, 81925 München, Tel. 089/980984. Die Wirte sind Gerd Käfer und Roland Kuffler.

ANFAHRT
Mit der U-Bahn (Linie U4) bis Arabellapark, dann mit dem MVV-Bus 87 bis Endstation Rühmelinstraße. Mit dem Auto über die Mauerkircherstraße, dann rechts ab ins Grüntal.

ÖFFNUNGSZEITEN
Täglich von 11 bis 23 Uhr.

FASSUNGSVERMÖGEN
800 Sitzplätze.

BIERSORTEN
Alle Paulaner-Biere, darunter Helles und Pils vom Fass, Premium leicht und Edelweiße.

VERPFLEGUNG
Es wird überall bedient.

KINDER
Kleiner Spielplatz mit Sandkasten.

Nichts gibt's umsonst: Wer fürstlich essen möchte im Grün Tal und dabei noch schöne Frauen bewundern will, der muss tief in die Tasche greifen.

Dieser Biergarten ist was Besonderes, er hat sogar ein eigenes fließendes Gewässer – das Bogenhausener Brunnbacherl. Und besonders ist auch die Küche: bayerisch-international von gehobener Klasse. Nach Turbulenzen in der Vergangenheit mit steckbrieflich gesuchten Pächtern hat jetzt die K.-u.-k.-Gastronomie die Kontrolle übernommen: Roland Kuffler, der Großgastronom, zusammen mit Gerd Käfer, dem Feinkostpapst. Doch Qualität hat immer ihren Preis: Ein paar Scheine zusätzlich zum Kleingeld sollte man schon dabeihaben, wenn's zum Biergarteln ins Grün Tal geht. Dafür ist der Service exzellent. Für Voyeure: Schöne Frauen und Münchner Prominenz sind zu fast jeder Tages- und Abendzeit zu besichtigen. Für Verliebte: Entspannte Atmosphäre bei Schnittlauchbrot mit Radieserl hebt das Glücksgefühl. Für Genießer: Wer die Mark nicht zweimal umdrehen muss, sollte sich im Grün Tal bedienen lassen.

Harlachinger Einkehr

Harlaching

Die Attraktion dieses Familienbiergartens gegenüber dem barocken St.-Anna-Kircherl hoch über dem Tierpark Hellabrunn heißt Grillen. Die saftigen Steckerlfische erreichen (zumindest meistens) Rekordgrößen im innerstädtischen Biergarten-Steckerlfisch-vergleich. Außerdem ist mitten in der Einkehr ein großer Holz-ofengrill aufgebaut, auf dem man die rohen Würstln aus dem Brotzeitkorb selbst grillen kann. Ein beliebtes Angebot, denn Grillen hat viele Freunde. Manchmal stellt der Wirt abends auch noch Fackeln auf, und dann ist die Pfadfinderromantik in dem idyllischen Kastanienhain (fast) perfekt.

ADRESSE
Harlachinger Einkehr, Karolingerallee 34, 81545 München, Tel. 089/64209093. Der Wirt ist Milan Maric.

ANFAHRT
Mit der Trambahn (Linien 15 und 25) bis Tiroler Platz, dann fünf Minuten zu Fuß. Mit dem MVV-Bus 52 bis Alemannenstraße. Mit dem Auto die Grünwalder Straße stadtauswärts, am Tiroler Platz rechts abbiegen. Unser Tip: Mit dem Radl den schönen Höhenweg oberhalb der Isar entlang.

ÖFFNUNGSZEITEN
Täglich von 10 bis 24 Uhr.

FASSUNGSVERMÖGEN
600 Sitzplätze.

BIERSORTEN
Alle Biere von Löwenbräu.

VERPFLEGUNG
Terrasse mit Bedienung, Selbstbedienung und eigener Brotzeitkorb mit Fleischlichem zum Grillen.

KINDER
Spielplatz mit Rutsche und Schaukel.

Wo man singt, da lass dich ruhig nieder. In der Harlachinger Einkehr gibt's zum Bier „a Musi".

12

Hinterbrühl

ADRESSE
Gasthof Hinterbrühl, Hinterbrühl 2, 81479 München, Tel. 089/79 44 94. Der Wirt ist Karl-Heinz Wildmoser senior.

ANFAHRT
Mit dem MVV-Bus 57 bis Bad Maria Einsiedel, dann zehn Minuten zu Fuß stadtauswärts. Mit dem MVV-Bus 66 bis Krankenhaus Martha Maria, von dort 15 Minuten zu Fuß. Mit dem Auto über die Schäftlarnstraße stadtauswärts bis Thalkirchner Platz, direkt vor der Thalkirchner Brücke rechts ab in die Zentralländstraße bis Hinterbrühl.

ÖFFNUNGSZEITEN
Täglich von 10 bis 24 Uhr.

FASSUNGSVERMÖGEN
1200 Sitzplätze.

BIERSORTEN
Hacker-Pschorr, Löwenbräu.

VERPFLEGUNG
Vollservice für 300 Personen (empfehlenswert), Selbstbedienung vom Standl, Mitbringen eigener Brotzeit erlaubt.

KINDER
Spielplatz , Bootfahren auf dem Hinterbrühler See.

So volksnah wie die 60er: Kein Essen kostet über 12 Mark beim „Löwen"-Chef Karl-Heinz Wildmoser.

Nicht weit vom Tierpark Hellabrunn entfernt beginnt das Reich des Königs der Löwen, eines Zweibeiners wohlgemerkt mit mächtigem Schnäuzer und Bauch. Die Rede ist von Karl-Heinz Wildmoser, dem Präsidenten des TSV 1860 (genannt: „die Löwen"), der am Hinterbrühler See eine empfehlenswerte Biergartenwirtschaft in Szene gesetzt hat – schattige Kastanien, aber auch Sonnenplätze, gute Atmosphäre, zivile Preise (kein Gericht auf der Karte teurer als 11,95 Mark), – wobei Selbstversorger mit eigenem Brotzeitkorb durchaus willkommen sind, ebenso wie Kinder. Und manchmal erlebt man auch mitten im Biergarten von Hinterbrühl die Bundesliga live – wenn Boss Wildmoser am Funktelefon lautstark zur Vereinspolitik übergeht oder Vertragsverhandlungen führt. Gut gebrüllt, Löwe!

Unser Biertip: die beiden Weißbiere vom Fass. Ausflugstip: mit dem Radl an der Isar entlang bis Hinterbrühl.

13

Hirschau

ADRESSE
Hirschau, Gyßling-
straße 15, 80805 München,
Tel. 089/36 99 45. Die
Wirtin ist Anna Roloff.

ANFAHRT
Mit dem Radl durch den
Englischen Garten, über
die Brücke über den Mitt-
leren Ring, dann gleich
rechts. Mit der U-Bahn
(Linie U6) bis Dietlindenstraße, von dort 15 Minu-
ten zu Fuß. Mit dem MVV-
Bus 44 bis Osterwaldstraße.
Mit dem Auto über den
Mittleren Ring (Isarring),
je nach Fahrtrichtung kurz
vor oder nach der John-
F.-Kennedy-Brücke rechts
abbiegen, den Schildern
folgen.

ÖFFNUNGSZEITEN
Täglich von 11 bis
1 Uhr nachts.

FASSUNGSVERMÖGEN
1500 Sitzplätze.

BIERSORTEN
Helles und Dunkles vom
Fass von Spaten, Fran-
ziskaner-Weiße.

VERPFLEGUNG
Nur auf der Terrasse Voll-
service, im Biergarten
Selbstbedienung von den
Standln, Mitbringen eige-
ner Brotzeit erlaubt.

KINDER
Spielplatz, Minigolfplatz.

Bisher ist sie noch ein
Geheimtip: die Hirschau im
Englischen Garten.

Direkt an der nördlichen Seite jener scheußlichen Schneise, wo der Mittlere Ring den Englischen Garten durchsticht, liegt die Hirschau – mitten im Grünen. Vom Verkehrslärm ist nur ein entferntes Rauschen zu vernehmen, das von der Geräuschkulisse des Biergartens geschluckt wird. Auf der südlichen Seite der besagten Schneise liegt das schicke Seehaus. Und das ist wohl der Grund, warum man in der Hirschau (1500 Plätze) selbst an heißen Sommertagen immer noch ein freies Plätzchen kriegt, während das Seehaus aus allen Nähten platzt. Das Spaten-Bier aus dem Holzfass, die leckeren Steckerlfische vom Grill, die gut organisierten Standl, der Kinderspielplatz – die Hirschau ist immer ein Tip für die, die's grüabig haben wollen. Motto: Ohne Schnickschnack einfach nur eine Maß zischen und eine Brotzeit inhalieren. Und noch ein Tip für Tanzfreunde: Täglich (außer Montag) gibt's Livemusik im Restaurant für Tänzer aller Altersklassen.

14

Hirschgarten

ADRESSE
Königlicher Hirschgarten,
Hirschgarten 1,
80639 München, Tel. 089/
17 25 91. Der Wirt ist
Johann Eichmeier.

ANFAHRT
Mit der S-Bahn (alle Linien
außer S7) bis Laim, dann
zu Fuß über die Wotan-
straße. MVV-Busse 32 und
83 bis Romanplatz oder
Steubenplatz. Mit dem
Auto ist es problematisch,
da der Großparkplatz an
der De-la-Paz-Straße im
Februar 1995 dichtge-
macht wurde.

ÖFFNUNGSZEITEN
Täglich von 9 bis 24 Uhr.

FASSUNGSVERMÖGEN
8000 Sitzplätze – der größte Biergarten Münchens.

BIERSORTEN
Augustiner, Schlossbrauerei
Kaltenberg, Herzogliches
Brauhaus Tegernsee.

VERPFLEGUNG
Vollservice an den gedeck-
ten Tischen, Selbstbedie-
nung an den Standln. Mit-
bringen eigener Brotzeit ist
erlaubt.

KINDER
Schöner Spielplatz und
Freigehege für Hirsche,
Mufflons und Rehe.

Korrekt heißt er zwar „Königlicher Hirschgarten", doch von No-
blesse und Aristokratie findet sich hier nichts. „Gutbürgerlich" ist
Triumph bei ausgezeichneten bayerischen Schmankerln und
frisch gezapftem Augustiner-Edelstoff, den Hopfenideologen zum
besten Münchner Bier verklärt haben. Obwohl der Hirschgarten
mit seinen 8000 Sitzplätzen der größte Münchner Biergarten ist,

kommt es auch in sommerlichen Spitzenzeiten nicht zu stunden-
langen Warteschlangen an den Standln und den Zapfsäulen, weil
die Organisationsstruktur der Bieroase gut ist. Ein besonderes Plus:
Fleisch und Wurst aus der Restaurantküche wie bei den Selbstbedienungsstandln kommen aus der hauseigenen Metzgerei. Nur:
Verirren Sie sich mit Ihrer selbst mitgebrachten Brotzeit bloß nicht
in den Bereich der gedeckten Tische! Denn dort regieren resolute
Bedienungen. Fazit: Es muss nicht immer der Englische Garten
sein, wenn man in München Freizeit und Biergarten verbinden
will. Der Hirschgarten ist eine Alternative.

**Das geht nur im Hirschgarten:
Mit 8000 Leuten im selben
Lokal sitzen, und trotzdem ist
es gemütlich.**

15 Hofbräuhaus

Innenstadt

ADRESSE
Biergarten im Hofbräuhaus,
Platzl 9, 80331 München,
Tel. 089/221676. Die
Wirtsleute sind Gerda und
Michael Sperger.

ANFAHRT
Mit der S-Bahn (alle Linien)
oder U-Bahn (Linien U3
und U6) bis Marienplatz,
von dort fünf Minuten zu
Fuß. Mit dem Auto (nicht
empfehlenswert) bis zum
Isartor, dann ins Tal abbiegen, danach rechts zum
Parkhaus Hochbrücken-
straße.

ÖFFNUNGSZEITEN
Täglich von 9.30 bis
23.30 Uhr.

FASSUNGSVERMÖGEN
400 Sitzplätze.

BIERSORTEN
Alle Biere des Staatlichen
Hofbräuhauses (Hell,
Dunkel, Weißbier), dazu
Saisonbiere wie Starkbier,
Maibock oder Wiesn-Bier.

VERPFLEGUNG
Vollservice beim Kellner
oder Selbstbedienung am
Brotzeitstandl.

KINDER
Spielecke im 1. Stock.

„In München steht ein Hofbräuhaus, oans, zwoa, gsuffa …" Und weil das so oft herbeigesungen, meistens herbeigebrüllt wird, geht ein eingeborener Münchner recht selten ins Hofbräuhaus am Platzl. Man überlässt jene historische Institution, die Herzog Wilhelm V. als „Braunes Hofbräuhaus" im Jahre 1589 gegründet hatte, freiwillig den Touristen. Ein großer Fehler – was den Freiluftwert des Hofbräuhauses betrifft. Denn der Biergarten hinter der Großwirtschaft ist selbst für Einheimische immer noch als Geheimtip einzustufen. Vergessen Sie alle Vorurteile übers Hofbräuhaus, gehen Sie hin. Im Innenhof um den Löwenbrunnen finden 400 durstige Seelen Platz – und vor allem ihre Ruhe. Am späten Vormittag sich einen Frühschoppen im Biergarten des Hofbräuhauses zu genehmigen, das ist ein Genuss. Aber so verkehrt ist halt die Welt: Im bekanntesten Münchner Wirtshaus gibt es einen schönen Biergarten, den kaum ein Münchner kennt. Ja, mei …

Im Biergarten am Hofbräuhaus sitzen nicht nur Japaner, auch wenn das Vorurteil es unterstellt.

36

Haidhausen

Die Traditionswirtschaft zwischen Maximilianeum und Gasteig, also zwischen Politik und Kultur, ist ein Ruhe- und Fluchtpunkt für jeden gestressten Großstadtmenschen. Eine Kastanienidylle mit 24 Bäumen und ein Ort der Ruhe – mitten in Haidhausen. Das hat sich herumgesprochen. Denn 1997 wählten fast 10000 Hofbräukeller-Fans ihre Stammwirtschaft zum zweitschönsten Biergarten Münchens (nach dem Paulaner-Keller) beim alljährlichen Wettbewerb der Abendzeitung. Der Hofbräukeller ist aber nicht nur einer der schönsten und gepflegtesten Biergärten der Stadt, er ist sicherlich auch einer der traditionsreichsten. 1836 wurden die riesigen Bierkeller unterhalb des Gartens eröffnet, um das Bier der Königlichen Hofbrauerei gekühlt über den Sommer zu bringen. Und ein königliches Vergnügen ist eine laue Biergartensommernacht im Hofbräukeller mit einem gepflegten Bier und gutbayerischer Küche auch heute noch.

ADRESSE
Hofbräukeller, Innere Wiener Straße 19, 81667 München, Tel. 089/4599250 oder 4487376. Die Wirte sind Margot und Günter Steinberg.

ANFAHRT
Mit der U-Bahn (Linien U4 und U5), der Trambahn (Linie 19) oder den MVV-Bussen 51, 91, 191, 192 bis Max-Weber-Platz. Die Tramlinie 18 hält direkt vorm Biergarten. Für Autofahrer gibt es 120 Tiefgaragenplätze (Einfahrt: Innere Wiener Straße).

ÖFFNUNGSZEITEN
Täglich von 10 bis 23 Uhr.

FASSUNGSVERMÖGEN
1700 Sitzplätze, davon 1300 im Selbstbedienungsbereich und 400 Plätze mit Vollservice.

BIERSORTEN
Alle Biere vom Staatlichen Hofbräuhaus.

VERPFLEGUNG
Vollservice, Selbstbedienung mit Extratheken oder Selbstversorgung aus dem Brotzeitkorb.

KINDER
Kleiner Spielplatz mit verschiedenen Geräten, Rutsche und Sandkasten.

Für Kind und Kegel ist er gut, doch Hunde müssen an die Leine im Hofbräukeller in Haidhausen.

17

Insel-Mühle

ADRESSE
Biergarten an der Insel-Mühle, Von-der-Kahr-Straße 87, 80999 München, Tel. 089/810 11 10. Der Wirt ist Hermann Weber.

ANFAHRT
Mit den S-Bahn (Linien 3, 4, 5 und 6) bis Pasing, von dort mit dem MVV-Bus 76 bis Haltestelle Friedhof Untermenzing. Mit dem Auto über die Verdistraße in Richtung Autobahn Stuttgart (A8), vor der Auffahrt rechts etwa einen Kilometer in die Pippinger Straße bis Von-Kahr-Straße. Tip: Mit dem Radl an der Würm entlang zum Biergarten.

ÖFFNUNGSZEITEN
Täglich von 11 bis 22 Uhr.

FASSUNGSVERMÖGEN
500 Sitzplätze.

BIERSORTEN
Löwenbräu Hell und Weißbier, alkoholfreies Bier.

VERPFLEGUNG
Selbstbedienung an Brotzeitstandln, keine Selbstversorgung.

KINDER
Kinderspielplatz.

So funktioniert Sport auf gut Bayerisch: mit dem Mountainbike in den Biergarten strampeln.

Für die Ober- und Untermenzinger ist die idyllisch gelegene Insel-Mühle schon lange kein Geheimtip mehr, für Rest-München noch in jedem Fall. Wo gibt es schon einen Biergarten, durch den ein Fluss fließt? Ein kleines Wäldchen schirmt den Biergarten von Verkehr und Straßenlärm ab. Kommen Sie also mit dem Radl. Und ein zweiter Tip: Kommen Sie unter der Woche vor 17 Uhr. Denn da gibt's die neubayerische Happyhour – die Maß Bier ist runde 20 Prozent billiger als am Abend. Ein letzter Tip: Gönnen Sie sich in der Insel-Mühle ein frisch gegrilltes Hendl – ein besonders gelungenes Schmankerl des Hauses.

38

18

Landsberger Hof

ADRESSE
Landsberger Hof, Boden-
seestraße 32, 81243 Mün-
chen, Tel. 089/881802.
Der Wirt ist Daniel Zeh.

ANFAHRT
Mit der S-Bahn (Linien 3,
4, 5, 6, 8) bis Pasing, dann
zu Fuß. Mit der Trambahn-
linie 19 bis Pasinger
Marienplatz. Oder mit den
MVV-Bussen 70, 71, 72, 73,
74, 76 bis Pasing. Mit dem
Auto die Landsberger
Straße/Bodenseestraße
stadtauswärts.

ÖFFNUNGSZEITEN
Täglich von 10 bis 24 Uhr.

FASSUNGSVERMÖGEN
1000 Sitzplätze.

BIERSORTEN
Alle Biere von Augustiner-
bräu und das Kaltenberger
König-Ludwig-Dunkel
vom Fass.

VERPFLEGUNG
Vollservice, vor allem gut
sortierte Selbstbedienungsstandl, Selbstversorgung
möglich.

KINDER
Spielplatz.

Der Biergarten des Landsberger Hofs an der Bodenseestraße ist mit seinen 1000 Plätzen einer der größten im Münchner Westen. Leise allerdings ist er nicht. Hecken schirmen ihn zwar vom Verkehrs-lärm ab, ganz abstellen lässt sich dieser allerdings nicht. Das tut der Beliebtheit dieser Pasinger Bieroase aber keinen Abbruch. Es kann hier sehr gemütlich und zünftig sein, vor allem ist die Küche in Ordnung: Steckerlfisch, Haxn, Spareribs – oder Süßes für den, der Lust auf Ausgezogene hat (keine Nackerten, sondern was zum Essen mit Puderzucker!). Unser Biertip: Gönnen Sie sich ein König-Ludwig-Dunkles vom Fass!

Zwischen hohen Hecken
lockt ein dunkles Bier: Im
Landsberger Hof wird
König-Ludwig-Dunkles
ausgeschenkt.

Leiberheim

Waldperlach

Lassen Sie sich vom Namen nicht verunsichern, bei dem so mancher Zuagroaste (und Einheimische) an das Vereinsheim einer Schrebergärtnerkolonie denkt.

Seinen Namen verdankt das Leiberheim dem Königlich-Bayerischen Leibregiment, das hier 1907 ein Freizeitheim errichtete. Vom Militär ist heute nichts mehr zu sehen, dafür ist der hohe Freizeitwert geblieben. 3000 Plätze sind unter Kastanien, Tannen und Fichten gruppiert. An heißen Tagen eine Wohltat, denn dann sitzt man in einem der schattigsten Biergärten Münchens – und einem der ruhigsten. Kein Durchgangsverkehr stört, was auch zur Kinderfreundlichkeit des Leiberheims beiträgt. Das angenehm kühle und süffige Bier kommt übrigens aus der oberbayerischen Lokalbrauerei Erharting bei Mühldorf. Der Zapfenstreich – um auf die militärischen Gründer zurückzukommen – ist erst um 1 Uhr nachts. Und das in Waldperlach!

ADRESSE
Leiberheim, Nixenweg 9, 81379 München, Tel. 089/603295. Die Wirtsleute sind Angelika und Reinhard Berger.

ANFAHRT
Mit der S-Bahn (Linie S1) bis Neubiberg, von dort 15 Minuten zu Fuß. Mit den MVV-Bussen 95 und 195 bis Waldheimplatz. Mit dem Auto über die Putzbrunner Straße stadtauswärts, rechts ab zum Waldheimplatz, von dort in die Nixenstraße bis zum Parkplatz.

ÖFFNUNGSZEITEN
Täglich von 9 Uhr vormittags bis 1 Uhr nachts.

FASSUNGSVERMÖGEN
3000 Sitzplätze.

BIERSORTEN
Alle Biere vom Erhartinger Bräu.

VERPFLEGUNG
Vollservice auf der Terrasse, Selbstbedienung an den Standln. Eigene Brotzeit erlaubt.

KINDER
Kleiner Spielplatz.

Im Leiberheim kann Sohnemann rumtollen, während Papa sich an seiner Maß festhält.

20 Löwenbräukeller

ADRESSE
Löwenbräukeller, Nymphenburger Straße 2, 80335 München, Tel. 089/52 60 21. Der Wirt ist Fritz Seyferth.

ANFAHRT
Mit der U-Bahn (Linie U1) bis zum Stiglmaierplatz. Oder mit der Trambahn (Linie 20) bis Stiglmaierplatz. Mit dem Auto über die Seidl- oder die Brienner Straße bis Stiglmaierplatz.

ÖFFNUNGSZEITEN
Täglich von 11 bis 1 Uhr.

FASSUNGSVERMÖGEN
1800 Sitzplätze.

BIERSORTEN
Alle Biere von Löwenbräu.

VERPFLEGUNG
Es ist alles möglich: Vollservice, Selbstbedienung, Mitbringen der eigenen Brotzeit.

KINDER
Spielplatz.

Neuhausen

Der historische Löwenbräukeller aus dem Jahre 1882 gehört zum Pflichtprogramm jedes Biergartlers, denn ein bisserl Tradition muss sein. Friedrich von Thiersch hat dem Keller am Stiglmaierplatz seine unverwechselbare Fassade samt bemaltem Turm gegeben. Der legendäre Kraftprotz, der Steyrer Hans, lupfte hier mit dem Mittelfinger seiner rechten Hand ein Trumm von Stein mit 508 Pfund Gewicht – bis heute unerreichter Steinheberweltrekord. Auch politisch ging's hier hoch her. Als im Frühjahr 1919 kurzfristig die Münchner Räterepublik ausgerufen wurde, verlief quer durch Brauerei und Keller die Frontlinie zwischen roten Revoluzzern und den weißen Freikorps. An den 1800 Biergartenplätzen geht's heute wesentlich friedlicher zu, besonders wenn man sich an die vorzügliche Speisekarte des Wirts und gelernten Metzgers, Fritz Seyferth, hält: Schweinsbraten, Kalbshaxn oder Tellerfleisch, dazu eine frisch gezapfte Maß – das ist fast schon eine Revolution.

Wo früher die Kugeln flogen, wirft man heute der Bedienung Bestellungen zu. Essen und Trinken sind vorzüglich im Löwenbräukeller.

Mangostin

Thalkirchen

Fernöstliche Exotik unter Kastanien bei einer Maß Löwenbräu – das gibt es nur in Thalkirchen. „Mangostin Asia" heißt die heiße Biergartenadresse. Das Besondere daran ist die Kombination: thailändische und japanische Küche mit Münchner Bier, das Ganze in Selbstbedienung. Daneben betreibt das Mangostin auch einen exotischen Partyservice.

Zugegeben: Sushis mit Weißbier oder Frühlingsrollen zur Maß entbehren nicht einer gewissen Exklusivität, aber es schmeckt vorzüglich. Wer aufs Bier verzichten will, kriegt selbstverständlich auch Mineralwasser oder einen guten Weißwein. Und die thailändische Grillhendlvariante ist für einen multikulturellen Biergartler schon fast etwas Einheimisches. Wenn's regnet, hat der Besucher im Inneren die Wahl von drei einzelnen Lokalen: einem Thailändischen Restaurant, einem Japaner und einem Restaurant mit Kolonialküche.

ADRESSE
Mangostin, Maria-Einsiedel-Straße 2, 81379 München, Tel. 089/7232031. Die Inhaber sind Roland Kuffler und Josef Peter.

ANFAHRT
Mit der U-Bahn (Linie U3) bis Thalkirchen, von dort wenige Minuten zu Fuß. Mit dem MVV-Bus 57 bis Thalkirchner Platz. Mit dem Auto die Schättlarnstraße stadtauswärts, die am Thalkirchner Platz in die Maria-Einsiedel-Straße übergeht. Großer Parkplatz hinterm Mangostin.

ÖFFNUNGSZEITEN
Montag bis Samstag von 16 bis 24 Uhr, an Sonn- und Feiertagen von 14 bis 24 Uhr.

FASSUNGSVERMÖGEN
500 Sitzplätze.

BIERSORTEN
Alle Biere von Löwenbräu.

VERPFLEGUNG
Selbstbedienung an exotischen Standln. Mitbringen eigener Brotzeit ist nicht erlaubt.

KINDER
Spielecke mit Schaukel, Rutsche und Klettergerüst.

Nur das Bier ist aus Bayern. Doch es schmeckt vorzüglich zu den fernöstlichen Gerichten im Mangostin.

22 Max-Emanuel-Brauerei

ADRESSE
Max-Emanuel-Brauerei,
Adalbertstraße 33,
80799 München, Tel. 089/
27 15 1 58. Die Wirte sind
Stephan Gloxhuber und
Reinhard Mittermeier.

ANFAHRT
Mit der U-Bahn (Linie U3
oder U6) bis Universität,
von dort wenige Minuten
zu Fuß. Mit der Trambahn
(Linie 27) bis Georgen-
straße. Wenige Parkplätze,
die meisten kommen mit
dem Radl.

ÖFFNUNGSZEITEN
Täglich von 10 bis
22.30 Uhr.

FASSUNGSVERMÖGEN
600 Sitzplätze.

BIERSORTEN
Alle Biere von Löwenbräu.

VERPFLEGUNG
Rund die Hälfte der Plätze
mit Vollservice, bei der
anderen Hälfte ist Selbstbedienung von Brotzeit-
standln. Keine Selbst-
verpflegung.

KINDER
Kein Spielplatz.

Wenn ein Biergarten mitten im Univiertel liegt, dann ist klar, wer zumindest tagsüber das Stammpublikum stellt. Fest steht auf jeden Fall, dass in diesem Schwabinger (ganz korrekt: Maxvorstäd-ter) Biergarten schon ganze Studentengenerationen ihre Seminare ausfallen ließen oder 68er Haudegen die Revolution (zumindest theoretisch) planten. Doch auch nichtakademische Biertrinker sind dort Stammgäste. Allerdings: Die Biergartenpuristen („Kauft werd nur's Bier, de Brotzeit hamma selber dabei!") haben hier keine Chance, da es neben Selbstbedienung nur Serviceplätze gibt. Die Küche ist bayerisch-international: Hier gibt es Schweinsbra-ten, Brezn und Leberkäs oder griechisches Gyros, türkische Pitta oder italienischen Mozzarella.

Und wem partout kein Bier dazu schmeckt, der kann sich auch Wein servieren lassen. Akademische (Biergarten-)Freiheit nennt man so was. Gaudeamus igitur!

Max-Emanuel macht die Ent-scheidung schwer: Zur Vor-lesung in die Uni oder lieber zum Bier in den Garten?

Menterschwaige

Harlaching

Der Biergarten in Harlachings bester Wohngegend am Isarhochufer hat demzufolge einen höheren Anteil an prominenten Besuchern, an „Gwappelten" und „Gfotzerten" – wie man in München sagt. Ein Schickimickibiergarten allerdings ist die Menterschwaige nicht. Dafür ist sie einer der ältesten Biergärten der Stadt, schon König Ludwig I. hat sich hier seine Maß schmecken lassen. Die Wirtschaft ist heute denkmalgeschützt, und ein Denkmal verdient auch das gut gemischte Brotzeit- und Schmankerlnangebot an den Selbstbedienungsstandln. Hervorzuheben ist auch der große Kinderspielplatz, weshalb die Menterschwaige für viele Familienausflügler zum krönenden Abschluss eines Tierparkbesuchs wird. Allerdings müssen sich die Biergartenbetreiber seit Jahren mit Anwohnerinitiativen herumschlagen, die die Platzkapazität von derzeit 2000 auf 350 zurückfahren wollen. Hoffentlich siegt das Biergartenrecht.

ADRESSE
Gutshof Menterschwaige, Menterschwaigstraße 4, 81545 München, Tel. 089/640732. Die Wirtsleute sind Barbara und Herbert Gruber.

ANFAHRT
Mit der Trambahn (Linie 25) bis Haltestelle Menterschwaige, dann fünf Minuten zu Fuß. Mit dem Auto über die Grünwalder Straße stadtauswärts bis Theodolindenplatz, dann in die Harthauser Straße abbiegen und vorfahren bis zur Menterschwaige – aber: große Parkplatznot. Unser Tip: Mit dem Radl über die Isarauen und Hochleite.

ÖFFNUNGSZEITEN
Täglich von 10 bis 22.30 Uhr.

FASSUNGSVERMÖGEN
2000 Sitzplätze.

BIERSORTEN
Löwenbräu.

VERPFLEGUNG
Es gibt zwei Bedienungsgärten mit Vollservice, außerdem Brotzeitstandl mit Selbstbedienung. Das Mitbringen der eigenen Brotzeit ist erlaubt.

KINDER
Spielplatz.

Auch für Jeanshosen und Schlabberpullis gibt's ein Bier im Prominentenbiergarten Menterschwaige.

Rosengarten

ADRESSE
Biergarten am Rosengarten, Westendstraße 305, 81377 München, Tel. 089/575053. Die Wirte sind Evi und Norbert Kraft.

ANFAHRT
Mit der U-Bahn (Linie U6) bis Westpark, fünf Minuten zu Fuß durchs Grüne.
Mit dem Auto über die Westendstraße (ausgeschildert), etwa 1000 Parkplätze.

ÖFFNUNGSZEITEN
Von 10 Uhr vormittags bis (maximal) 1 Uhr nachts.

FASSUNGSVERMÖGEN
2700 Plätze.

BIERSORTEN
Alle Biere (einschließlich alkoholfreies Bier) von Paulaner.

VERPFLEGUNG
Vollservice und Selbstbedienung. Das Mitbringen eigener Brotzeit ist erlaubt.

KINDER
Schöner Abenteuerspielplatz.

Der Rosengarten zählt mit seiner Blütenpracht sicher zu den lauschigsten Biergärten in München.

Ein Biergarten mit Blick auf den See und ein Meer – das ist der Rosengarten. Das Meer ist allerdings nicht aus Salzwasser, sondern leuchtet in Blutrot, Rosarot und Purpurrot – wunderbar duftende Rosen, die mit der Gartenschau IGA (1983) hier gepflanzt wurden. Dazu sitzt man unter schönen Kastanien direkt am großen See des Westparks beim Weißbier – ein ökologisch gepflegtes Biergartenvergnügen. Die Freiluftoase ist mit speziellen Vorzugspreisen besonders freundlich zu Kindern und Senioren, entsprechend bunt und generationengemischt ist das Publikum. Kurzum: ein sehr empfehlenswerter Familienbiergarten im Münchner Westen.

Michaeligarten

Neuperlach

Der 17. Mai 1992 ist für den Biergarten im Münchner Ostpark und seine Besucher ein Jubeldatum gewesen. Denn an diesem Tag wurde in Riem der Flugbetrieb eingestellt, während weit weg im Erdinger Moos der neue Großflughafen ans internationale Netz ging.

Und seitdem ist Ruhe eingekehrt in diesem wunderschön gelegenen Biergarten direkt am Ufer des Ostparksees. Kein Fluglärm stört mehr die Besucher, die Kastanien sind auch schon wieder ein Stückerl gewachsen, und bald dürfte die Kapazität von 2500 Sitzplätzen nicht mehr reichen. Die autofreie Umgebung, der See, die Parkwege und Liegewiesen erhöhen nicht nur die Ausflugsqualität des Michaeligartens, sie sind vor allem ein Gütesiegel für Familienfreundlichkeit. Magenfreundlich sind neben der Maß Löwenbräu die frischen Brezn, der Steckerlfisch und der gute Kartoffelsalat zum Leberkäs. Ein Besuch lohnt sich.

ADRESSE
Michaeligarten im Ostpark, Feichtstraße 10, 81735 München, Tel. 089/4316993. Betreiber ist die Haberl Gaststättenbetriebs GmbH.

ANFAHRT
Mit der U-Bahn (Linie U2 und U5) bis Michaelibad, dann kurzer Fußweg. Mit den MVV-Bussen 92 (bis Michaelibad) oder 93 und 94 (bis Heinrich-Wieland-Straße). Mit dem Auto über die Heinrich-Wieland-Straße, am Michaelibad in die Feichtstraße abbiegen.

ÖFFNUNGSZEITEN
Täglich von 10.30 bis 22 Uhr.

FASSUNGSVERMÖGEN
2500 Sitzplätze.

BIERSORTEN
Alle Biere von Löwenbräu.

VERPFLEGUNG
Vollservice auf der Terrasse, Selbstbedienung und Selbstverpflegung.

KINDER
Spielplatz, viel Auslauf im Grünen, und ein schöner See.

Endlich ist Ruhe! Seit der Flughafen in Riem stillgelegt ist, kann man den Michaeligarten richtig genießen.

26

Neue Schießstätte

ADRESSE
Neue Schießstätte, Zielstattstraße 6, 81379 München, Tel. 089/78 69 40. Die Wirtsleute sind Christa und Robert Zeilermeier.

ANFAHRT
Mit der S-Bahn (Linie S7) bis Mittersendling, dann zehn Minuten zu Fuß, oder mit dem MVV-Bus 45. Mit dem Auto die Plinganserstraße stadtauswärts, an der Steinerstraße rechts abbiegen, diese geht in die Zielstattstraße über.

ÖFFNUNGSZEITEN
Täglich von 11 bis 22 Uhr.

FASSUNGSVERMÖGEN
2500 Sitzplätze.

BIERSORTEN
Helles, Dunkles und Weißbier (alles vom Fass) von der Schlossbrauerei Kaltenberg, Gerstel (Alkoholfrei).

VERPFLEGUNG
Selbstbedienung an gut sortierten Brotzeitstandln. Eigenes Essen darf mitgebracht werden.

KINDER
Spielplatz.

Eigentlich heißt dieser weitläufige Sendlinger Biergarten, den nicht nur Schützenfreunde frequentieren, „Königlich-Bayerischer Biergarten". Doch als Neue Schießstätte hat er sich etabliert. Königlich ist allerdings sein Bier, denn es kommt aus der Kaltenberger Brauerei des Wittelsbacher Prinzen Luitpold von Bayern – und der köstliche Gerstensaft wird aus dem Holzfass ausgeschenkt. Hervorragend ist das Speisenangebot wie Steckerlfisch, Spanferkel oder gegrillte Haxn. Doch auch Selbstversorger sind willkommen: Eigene Brotzeit darf mitgebracht werden. Fazit: Die Neue Schießstätte gehört zur oberen Kategorie der Münchner Biergärten.

Der Name klingt militärisch, doch trotzdem geht es gemütlich zu in der Neuen Schießstätte.

48

Osterwaldgarten

Schwabing

Im Schatten von drei Kastanien, direkt am Rande des Englischen Gartens und doch nur fünf Gehminuten von der Leopoldstraße entfernt – so ein schönes Stück Schwabing hat einen Namen: Osterwaldgarten. Und Tradition: Die Wirtschaft war schon vor über 100 Jahren das Stammlokal des Herzogs Max in Bayern, des Vaters der legendären österreichischen Kaiserin Sissi. In den Osterwaldgarten kam der Wittelsbacher von seinem benachbarten Biedersteinschloss regelmäßig zum Kegeln. Eine Kegelbahn gibt es heute nicht mehr, aber dafür eine solide bürgerlich-bayerische Küche in einer aufwendig renovierten Gastwirtschaft (Wiedereröffnung: Frühjahr 1997). Viele Spaziergänger vom und zum Englischen Garten zieht es hierher, und schon mancher Jogger ist beim Anblick einer Spaten-Maß schwach geworden. Der Servicebiergarten ist gepflegt, immer gut frequentiert und gilt unter jüngeren Besuchern als Adresse mit hohem Flirtfaktor.

ADRESSE
Osterwaldgarten, Keferstraße 12, 80802 München, Tel. 089/38405040. Der Wirt ist Günther Danzer.

ANFAHRT
Mit der U-Bahn (Linien U3 und U6) bis Münchner Freiheit, dann zu Fuß Richtung Englischer Garten (Liebergesellstraße). Mit dem Auto die Dietlindenstraße stadtauswärts, rechts ab in die Biedersteiner Straße, dann viel Glück beim Parkplatzsuchen.

ÖFFNUNGSZEITEN
Täglich von 10 bis 22 Uhr.

FASSUNGSVERMÖGEN
300 Sitzplätze.

BIERSORTEN
Alle Biere von Spaten-Franziskaner. Helles, Pils und Weißbier gibt's vom Fass.

VERPFLEGUNG
Nur Vollservice à la carte.

KINDER
Sandkasten und in unmittelbarer Nähe der Englische Garten und der Kleinhesseloher See.

An einem lauschigen Plätzchen am Rande des Englischen Gartens liegt der kleine Osterwaldgarten.

Paulaner-Keller

ADRESSE
Paulaner-Keller am Nockherberg, Hochstraße 77, 81541 München, Tel. 089/4599130. Der Wirt ist Peter Pongratz.

ANFAHRT
Mit der U-Bahn (Linien U1 und U2) bis Silberhornstraße oder Kolumbusplatz, dann zehn Minuten zu Fuß. Mit der Trambahn (Linien 15, 25 oder 27) oder dem MVV-Bus 51 bis Haltestelle Ostfriedhof. Mit dem Auto über die Ohlmüllerstraße oder Hochstraße, etwa 200 Parkplätze.

ÖFFNUNGSZEITEN
Von 10 Uhr früh bis 24 Uhr. Kein Ruhetag.

FASSUNGSVERMÖGEN
3000 Sitzplätze.

BIERSORTEN
Alle Paulaner-Biere vom Fass.

VERPFLEGUNG
Vollservice für 600 Plätze. Die restlichen ca. 2500 Plätze mit Selbstbedienung oder Selbstversorgung aus dem mitgebrachten Brotzeitkorb.

KINDER
Kleiner Spielplatz mit Schaukel und Reifenkarussell.

Nicht nur zur Starkbierzeit im März ist der Nockherberg ein Tip. Im Sommer lockt der Biergarten.

Der Berg ruft, und die Massen kommen. Dies ist nicht nur zur traditionellen Starkbierzeit (kurz nach Faschingsende) so, wenn auf dem Nockherberg mit Starkbierprobe und „Derblecker"-Rede eines der großen gesellschaftlichen Ereignisse Münchens über die Bühne geht. Dasselbe gilt auch für die Biergartensaison im Paulaner-Keller. Unter hohen und schattigen Kastanien liegt ein Bierklassiker der Stadt. Mit einem riesigen Fanpotenzial: 1996 und 1997 wurde der Paulaner-Keller von den AZ-Lesern zum „schönsten Biergarten Münchens" gekürt. Sicherlich auch ein Verdienst des rührigen Nockherberg-Wirtes Peter Pongratz.

Sankt-Emmerams-Mühle

Oberföhring

Sie gilt als der Schickimickibiergarten schlechthin – die Emmerams-Mühle, weswegen man gerne das fromme „Sankt" weglässt. Doch Vorurteile werden auch durch ständige Wiederholungen nicht richtiger. Tatsache ist: Man trifft hier überdurchschnittlich viel Prominenz, auffallend braun gebrannte Kabriofahrer und Zeitlosblondinen aller Altersstufen. Tatsache ist aber auch: Hier kehren ganz normale Familienväter mit Kindern und Radlausflügler vom Englischen Garten ein. „Von Kir royal bis ganz normal" (Abendzeitung) also. Dabei wurde hier einmal Geschichte geschrieben – vor über 800 Jahren. Nicht weit vom heutigen Biergarten entfernt ließ Herzog Heinrich der Löwe die Mautbrücke des Freisinger Bischofs, der einzige Isarübergang weit und breit, abfackeln (1157) und ein Jahr später eine eigene Brücke bauen (in Höhe der heutigen Ludwigsbrücke). Damit war er saniert und gründete München. Dass der Emmerams-Wirt bei seiner vorzüglichen, aber auch preislich nicht zu knapp bemessenen Speisekarte die Mautpolitik des Herzogs Heinrich vor Augen gehabt haben soll, ist nur ein Gerücht. Wahr ist, dass die Schweinshaxn sehr resch sind. Und dass die frechen Spatzen von (fast) allen Tischen stibitzen.

ADRESSE
Sankt-Emmerams-Mühle, St. Emmeram 41, 81925 München, Tel. 089/ 95 39 71. Der Wirt ist Peter Fischer.

ANFAHRT
Mit den MVV-Bussen 37, 88, 89, 188. Mit dem Auto die Ismaninger/Oberföhringer Straße stadtauswärts, bei St. Emmeram links abbiegen. Empfehlenswert: Eine Radltour durch den Englischen Garten in Richtung Norden, dann auf einer Holzbrücke (zwischen Oberföhringer Wehr und Herzog-Heinrich-Brücke) über die Isar zum Biergarten.

ÖFFNUNGSZEITEN
Täglich von 11 bis 23 Uhr.

FASSUNGSVERMÖGEN
1000 Sitzplätze.

BIERSORTEN
Alle von Spaten-Franziskaner.

VERPFLEGUNG
Seit 1995 nur noch Vollservice.

KINDER
Spielplatz in der Nähe.

„Von Kir royal bis ganz normal": An der Sankt-Emmerams-Mühle mischen sich die Reichen und Schönen unters gemeine Volk.

30 Seehaus

ADRESSE
Seehaus im Englischen Garten, Kleinhesselohe 2, 80802 München, Tel. 089/381 61 30. Die Wirtsleute sind Doris und Roland Kuffler.

ANFAHRT
Mit der U-Bahn (Linie U6) bis Dietlindenstraße oder mit U3 und U6 bis Münchner Freiheit, von dort jeweils 10 bis 15 Minuten zu Fuß. Mit dem MVV-Bus 44 bis Osterwaldstraße. Mit dem Auto über Dietlindenstraße bzw. Isarring bis zum (sehr beschränkten) Parkplatz am Seehaus. Am besten mit dem Radl oder zu Fuß durch den Englischen Garten.

ÖFFNUNGSZEITEN
Täglich von 10 bis 24 Uhr.

FASSUNGSVERMÖGEN
2500 Sitzplätze.

BIERSORTEN
Alle Paulaner-Biere.

VERPFLEGUNG
Auf der Terrasse Vollservice, im Biergarten Selbstbedienung an den Standln, eigene Brotzeit erlaubt.

KINDER
Münchens ältestes „Dampf-Karussell mit elektrischer Beleuchtung" aus dem Jahre 1886, jede Menge Wasservögel zum (verbotenen) Füttern, Ruder- und Tretbootfahren mit den Eltern.

Die Lage dieses Biergartens und des gleichnamigen Restaurants ist eine der schönsten Adressen Münchens: mitten im Englischen Garten und direkt am Kleinhesseloher See. Der gastronomische Sachverstand des gestandenen Wirtsehepaars Kuffler hat dazu beigetragen, dass das Seehaus einer der beliebtesten Biergärten Münchens geworden ist. Nicht der billigste, aber Qualität und die Lage

haben ihren Preis. Die reichhaltigen Selbstbedienungsstandln und die immer frischen Brezn sind sehr empfehlenswert, dazu ein vom Fass gezapftes Weißbier. Für Diätbewusste – und man sieht im Seehaus auffallend viele aufgebrezelte Fitnessdamen aus dem Sonnenstudio – gibt es auch kalorienarme Salate und Mineralwasser. Wer allerdings nach zwei Maß Bier und einer Schweinshaxn Gewissensbisse wegen der schlanken Linie kriegt, der kann sich seine Pfunde gleich wieder abtrainieren. Direkt neben dem Seehaus ist ein Bootsverleih, dazu jede Menge Schwäne. Man fühlt sich dann glatt wie Lohengrin, fehlt bloß noch die Elsa.

Nach dem Bier geht's zum Abstrampeln. Um PS-Fetischisten zu versöhnen, sehen die Tretboote aus wie Rennboote.

Tannengarten

ADRESSE
Tannengarten, Pfeufer-
straße 32, 81373 München,
Tel. 089/77 19 00. Der Wirt
ist Michael Hedderich.

ANFAHRT
Mit der U-Bahn (Linien U3
und U6) bis Harras. Mit
dem Auto über die Lind-
wurmstraße stadtauswärts
bis zur Sendlinger Kirche,
dann rechts ab in die Pfeu-
ferstraße. Begrenzte Parkmöglichkeiten.

ÖFFNUNGSZEITEN
Täglich von 9.30 bis 23 Uhr.

FASSUNGSVERMÖGEN
700 Sitzplätze.

BIERSORTEN
Alle von Hacker-Pschorr.

VERPFLEGUNG
Vollservice, Selbstbedie-
nung an einem großen
Brotzeitstandl. Mitbringen
der eigenen Brotzeit ist erlaubt.

KINDER
Kein Spielplatz, aber
Kinderteller: halbe Menge/
halber Preis.

Alte Sendlinger, traditionalistisch denkende zumindest, bekommen im Tannengarten spätestens nach der zweiten Maß Bier – so sagt man jedenfalls – patriotische Gefühle. Dabei geht es diesmal ausnahmsweise nicht gegen die Preußen, sondern gegen die Österreicher. Denn unweit dieses Biergartens zwischen Messe- gelände und Harras metzelten die habsburgischen Besatzungs- truppen in der berüchtigten „Sendlinger Mordweihnacht" (1705) bereits entwaffnete Bauern aus dem Oberland nieder, die Mün- chen befreien wollten. Lang ist's her, doch der Schmied von Kochel und seine Gesellen leben in der Erinnerung und vielen Sendlinger Straßennamen (wie der Kyrein- oder der Danklstraße) weiter. Doch dafür kann Michael Hedderich, der neue Wirt vom Tannengarten, nun wirklich nichts. Dafür stehen sie für eine Sendlinger Küche der guten Qualität. Der Ochs vom Spieß oder die Milzwurst vom Grill schmecken einfach wunderbar.

Übrigens: Lassen Sie sich vom Wort „Tannengarten" nicht verwir- ren, es gibt kein Nadelgehölz, dafür schattige Kastanien und genü- gend Platz für 700 Gäste. Und Historie hin oder her: Die zahlrei- chen Stammtische rund um den riesigen Maibaum zeigen: Hier gibt es noch das alte Sendling.

Im Schatten von Kastanien sitzt man bequem bei Bier und Brezn im Tannengarten.

Taxisgarten

Neuhausen

Er ist einer der schönsten Kastanienbiergärten Münchens – der Taxisgarten in der Nähe des Nymphenburger Kanals.

Doch in Zeiten, wo feuchtfröhliche Bierbiotope nicht dem Umweltschutz unterliegen, sondern (ganz im Gegenteil) unter Lärmemissionsgesetze fallen, haben es selbst die urigsten Biergärten schwer. Auch die Wirtsleute vom Taxisgarten mussten sich dem Gesetz beugen. Wo früher einmal 3000 Biergartler zechten, setzten klagende Nachbarn eine Reduzierung auf 1500 Plätze durch – bei vorgezogenem Schankschluss um 22.30 Uhr. Doch nun Schluss mit dem Negativen. Der Taxisgarten ist ein ruhiger, kinderfreundlicher, urmünchnerischer Biergarten. Die Gerichte (auch an den Selbstbedienungsstandln) sind aus der hauseigenen Metzgerei, und das ist immer ein Qualitätssiegel. Hervorragend auch die ofenfrischen Brezn. Wer keine Lust auf bayerische Brotzeit hat, dem seien auf der Speisekarte auch ein paar italienische Spezialitäten empfohlen. Kein kulinarischer Biergartenfauxpas – immerhin gilt München als die nördlichste Stadt Italiens.

Worüber man ungern spricht, hier sei es gesagt: Die Toiletten vom Taxisgarten sind gepflegt und ausnahmsweise sauber. Wie der ganze Biergarten.

ADRESSE
Taxisgarten, Taxisstraße 12, 80637 München, Tel. 089/15 68 27. Der Wirt ist Hermann Haberl.

ANFAHRT
Mit der U-Bahn (Linie U1) bis Rotkreuzplatz, von dort mit den MVV-Bussen 83 und 177 bis Klugstraße oder knapp 15 Minuten zu Fuß. Mit dem Auto (nicht empfehlenswert) über den Mittleren Ring (Landshuter Allee/ Dom-Pedro-Straße), dann das übliche Parkplatzroulette.

ÖFFNUNGSZEITEN
Täglich von 11 bis 22.30 Uhr.

FASSUNGSVERMÖGEN
1500 Sitzplätze.

BIERSORTEN
Spaten Hell und Franziskaner-Weiße.

VERPFLEGUNG
Vollservice, Selbstbedienung an Brotzeitstandln oder Selbstverpflegung.

KINDER
Spielplatz mit Karussell.

Die Nachbarn klagten gegen den Lärm der Zecher. Deshalb wird schon um 22.30 Uhr im Taxisgarten der Bierhahn abgedreht.

33 Viktualienmarkt

ADRESSE
Biergarten am Viktualien-
markt, Viktualienmarkt 6,
80331 München, Tel. 089/
29 75 45. Die Wirtsleute
sind Christl und Erich
Hochreiter.

ANFAHRT
Mit allen S-Bahnen bis
Marienplatz, mit der U-
Bahn (Linien U3 und U6)
bis Marienplatz oder mit
dem MVV-Bus 52 bis
Viktualienmarkt. Auto
nicht empfehlenswert.

ÖFFNUNGSZEITEN
Montag bis Samstag von
9 bis 22 Uhr. Sonn- und
Feiertage geschlossen.

FASSUNGSVERMÖGEN
800 Sitzplätze.

BIERSORTEN
Im regelmäßigen Wechsel
alle sechs Münchner Groß-
brauereien: Löwenbräu,
Paulaner, Hacker-Pschorr,
Spaten, Augustiner und
Hofbräu.

VERPFLEGUNG
120 Plätze mit Vollservice,
680 Plätze mit Selbstbedienung. Eigene Brotzeit kann
mitgebracht werden.

KINDER
Kein Spielplatz.

Japaner und Amis, Preußen und Bayern, Italiener und Engländer unter einem riesigen Maibaum beim Bier vereint: München multikulturell im Biergarten am Viktualienmarkt. Die 800 Plätze rund um den Weiß-Ferdl-Brunnen gibt es noch keine 20 Jahre. Früher ratterte hier noch die Tram vorbei. Und als damals das Pflaster aufgerissen wurde, um Kastanien für einen Biergarten zu pflanzen, schüttelte der Urmünchner und Kunstmaler Rupert Stöckl – und nicht nur er – den Kopf: „Die spinnen bei der Stadt." Doch jetzt – so Stöckl heute – „is a schöne Sach' draus wordn".

Am schönsten ist es im Biergarten am Viktualienmarkt bei einem Weißwurstfrühstück am Vormittag oder bei einer zünftigen Maß am frühen Nachmittag. Da ist nicht so viel los wie mittags, wenn außer den müßigen Touristen auch das werktätige Volk aus den umliegenden Büros und Geschäften die Zapfsäulen stürmen. Apropos Bier: Der Biergarten am Viktualienmarkt ist der einzige, der alle Biere der sechs Münchner Brauereien im Angebot hat. Allerdings nicht gleichzeitig. Die Brauereien wechseln sich im mehrwöchigen Turnus ab. Und zur Verpflegung: Erlaubt ist, was gefällt – ob Vollservice, Selbstbedienung oder eigene Brotzeit mitbringen. Liberalitas Bavariae!

Wo früher die Tram
ratterte, gibt es heute in
aller Ruhe eine Brotzeit auf
dem Viktualienmarkt im
Stadtzentrum.

Waldheim

Großhadern

Bereits nach einer Maß Hacker-Pschorr-Bier verspüren manche Biergartenbesucher im Waldheim ein komisches Magendrücken. Denn in unmittelbarer Nähe dieser schönen Waldwirtschaft befindet sich ein architektonisches Ungetüm, das man besser meidet: das Klinikum Großhadern. Doch am besten, man vertreibt alle hypochondrischen Anfälle mit dem sofortigen Ordern einer zweiten Maß – und genießt das Ambiente dieses urigen, über 100 Jahre alten Biergartens. Scine Lage zwischen Fürstenrieder Wald und Forstenrieder Park prädestiniert diesen Biergarten geradezu als Zielstation einer Radltour.

ADRESSE
Waldheim Großhadern, Zum Waldheim 1, 81377 München, Tel. 089/71 60 65. Die Wirtsleute sind Johann Barsy und Tony Eckl.

ANFAHRT
Mit der U-Bahn (Linie U6) bis zur Endstation Klinikum Großhadern. Mit dem MVV-Bus 34 bis Zöllerstraße. Mit dem Auto über die Würmtal- und Sauerbruchstraße. Ausreichend Parkplätze.

ÖFFNUNGSZEITEN
Täglich von 10.30 bis 22.30 Uhr.

FASSUNGSVERMÖGEN
2300 Plätze.

BIERSORTEN
Hacker-Pschorr.

VERPFLEGUNG
Selbstbedienung von den Standln. Mitbringen eigener Brotzeit ist erlaubt.

KINDER
Spielplatz mit Schaukel und Rutsche im Grünen.

Im schönen, traditionsreichen Waldheim schmeckt die Maß unter schattigen Kastanien.

35

Waldwirtschaft Großhesselohe

ADRESSE
Waldwirtschaft Großhesselohe, Georg-Kalb-Straße 3, 82049 Großhesselohe, Tel. 089/79 50 88. Der Wirt ist Sepp Krätz.

ANFAHRT
Mit der S-Bahn (Linie S7) bis Großhesselohe/Isartalbahnhof, dann zehn Minuten zu Fuß. Oder mit der Trambahn (Linie 25) bis Großhesseloher Brücke, dann 25 Minuten Fußmarsch durchs Grüne. Mit dem Radl durch die Isarauen oder von Harlaching über die Großhesseloher Brücke. Mit dem Auto über die Wolfratshauser Straße, dann links abbiegen in die Melchiorstraße und der Beschilderung folgen.

ÖFFNUNGSZEITEN
Täglich von 11 bis 22.30 Uhr.

FASSUNGSVERMÖGEN
280 Terrassenplätze, 2000 Plätze im Biergarten.

BIERSORTEN
Spaten-Franziskaner.

VERPFLEGUNG
Auf den Terrassenplätzen nur Vollservice, an den 2000 Biergartenplätzen Selbstbedienung von den Standln oder Selbstversorgung mit eigener Brotzeit.

KINDER
Spielplatz mit Schaukeln und Kleineisenbahn, Minigolfplatz.

Jazz plus Bier = Waldwirtschaft. Diese Gleichung könnte schon in naher Zukunft nicht mehr aufgehen. Denn der schönste Biergarten im Münchner Süden ist seit Jahren zum Zankapfel streitbarer (und gut situierter) Nachbarn geworden, die Open-Air-Dixie und Ausschank am liebsten ganz verbieten lassen würden. Motto: Biergarten ja, aber nicht in unserer Nachbarschaft. Dabei ist die

Waldwirtschaft eine historisch gewachsene Gaststätte, deren königliche Bierschankgenehmigung bereits im 15. Jahrhundert erteilt wurde. So ändern sich die Zeiten… Der herrlich am Isarhochufer gelegene Biergarten bietet 2000 Gästen Platz und besticht durch ein ausgezeichnetes Speisenangebot an den Selbstbedienungsständen. Allerdings: Es war schon immer etwas teurer, einen guten Geschmack zu haben. Schlussverkaufspreise gibt's in der Waldwirtschaft nicht. Unser Ausflugstip: Machen Sie doch eine Radltour an der Isar entlang bis zur Waldwirtschaft. Da zischt die Spaten-Maß besonders gut.

Noch gibt es den Dixieland in der Waldwirtschaft. Doch die Nachbarn haben schon dagegen geklagt.

36 Wirtshaus am Hart

ADRESSE
Wirtshaus am Hart,
Sudetendeutsche Straße 40,
80937 München, Tel. 089/
3116039. Die Wirte sind
Günter Knoll und Peter
Bachmeier.

ANFAHRT
Mit der U-Bahn (Linie U2)
bis Haltestelle Am Hart,
dann fünf Minuten zu Fuß.
Mit dem Auto die Leopold-
und Ingolstädter Straße
stadtauswärts, hinter dem
Euro-Industriepark links ab
in die Sudetendeutsche
Straße.

ÖFFNUNGSZEITEN
Täglich von 11 bis 23 Uhr,
am Samstag von 15 bis
23 Uhr.

FASSUNGSVERMÖGEN
450 Sitzplätze.

BIERSORTEN
Alle Biere von Löwenbräu
und Guinness vom Fass.

VERPFLEGUNG
Vollservice, Selbstbedie-
nung von den Brotzeit-
standln. Mitbringen eige-
nen Essens ist erlaubt.

KINDER
Spielplatz mit Schaukel,
Sandkasten und Wippe.

Milbertshofen gilt nicht gerade als Treff der jungen Szene – wenn da nicht das Wirtshaus am Hart wäre. Hier logiert das kritisch-ambitionierte „Hinterhoftheater", eine Kabarett- und Kleinkunst-bühne der gehobenen Klasse. Hier, an der Sudetendeutschen Straße, haben die Wirte Knoll und Bachmeier einen alternativen bayerischen Biergarten hingestellt, der seinesgleichen sucht. Ob Steckerlfisch oder Haxn, Biosalate oder Käs' – es schmeckt ganz einfach. Szenefreaks und Theaterprominenz, Milbertshofener und Hasenbergler sitzen hier Tisch an Tisch, und keinen stört's. Unser Tip: original irisches Guinness vom Fass.

Bier und Kabarett sind das Rezept im Wirtshaus am Hart. Das regt zum Ratschen an.

Wirtshaus am Parkcafé 37

Vergessen Sie Ihre Vorurteile. Es gibt keinen Türsteher, auch keine Gesichtskontrollen, die Disko-Jeunesse dorée ist in der Minderheit, auch Prominasen halten sich in Grenzen. Dieser Biergarten hinter Münchens In-Diskothek, direkt am Alten Botanischen Garten, fünf Minuten vom Hauptbahnhof entfernt, ist schlichtweg schön. Unter Linden und Kastanien kann man nach einem Einkauf in der Fußgängerzone oder einfach nur so zum Genießen ein Weißbier im Grünen zu sich nehmen – und das mitten in der City. Rund 1200 Sitzplätze umfasst der Biergarten des Parkcafés, der vordere Teil ist mit Service, der hintere Teil mit Selbstbedienung. Wer will, kann hier auch seine eigene mitgebrachte Brotzeit verzehren.

Die halbe Ente mit Knödel schmeckt übrigens hervorragend, und die Maß Löwenbräu zischt gut. Sollten Sie Probleme mit Sex & Crime haben – vielleicht treffen Sie dort einen Anwalt aus den benachbarten Topsozietäten des Scheidungsspezialisten Hermann Messmer oder des Strafrechtlers Rolf Bossi. Man kann ja nie wissen, auch nicht in einem Münchner Biergarten.

Wer's besonders lang aushält, kann zu später Stunde noch in die gleichnamige Disko gehen, falls der Türsteher nichts dagegen hat.

ADRESSE
Parkcafé-Biergarten im Alten Botanischen Garten (zwischen Stachus und Hauptbahnhof), Sophienstraße 7, 80333 München, Tel. 089/59 83 19. Der Wirt ist Thomas Jadrnicek.

ANFAHRT
Mit allen S-Bahn-Linien, mit der U-Bahn (Linien 4 und 5), sowie der Trambahn (Linien 18, 19 und 20) bis Stachus-Karlsplatz, von dort fünf Minuten zu Fuß.

ÖFFNUNGSZEITEN
Bei schönem Wetter täglich von 10 Uhr vormittags bis 1 Uhr nachts.

FASSUNGSVERMÖGEN
2000 Sitzplätze.

BIERSORTEN
Alle Biere von Löwenbräu.

VERPFLEGUNG
Vollservice, Selbstbedienung an Brotzeitstandln und Selbstverpflegung.

KINDER
Viel Grün und keine Autos im angrenzenden Alten Botanischen Garten. Gleich in der Nachbarschaft ein betreutes Spielhaus für 5- bis 12-jährige.

Nach dem Biergarten geht's in die Disko. Doch der Türsteher ist hart im Parkcafé.

38 Zum Alten Wirt

ADRESSE
Zum Alten Wirt, Dorf-
straße 39, 81247 München,
Tel. 089/811 15 90. Die
Wirtsleute sind Sophie und
Hans Stern.

ANFAHRT
Mit den MVV-Bussen 73
und 76 bis Pippinger Straße,
mit dem MVV-Bus 75 bis
Lochhausener Straße, dann
zu Fuß. Mit dem Auto die
Verdistraße stadtauswärts
bis zur Kreuzung Pippinger
Straße, dann rechts abbiegen und kurz darauf wieder
rechts in die Dorfstraße
einbiegen.

ÖFFNUNGSZEITEN
Täglich von 9 bis 23 Uhr.

FASSUNGSVERMÖGEN
350 Sitzplätze.

BIERSORTEN
Alle Biere von Löwenbräu.

VERPFLEGUNG
Vollservice an allen Plätzen,
keine Selbstbedienung.
Mitbringen eigener Brot-
zeit nicht erlaubt.

KINDER
Kein Spielplatz.

München ist eben doch ein
Dorf. Zumindest ist es zusam-
mengewachsen aus Dörfern
wie Obermenzing
mit seinem Alten Wirt.

Gut 500 Jahre ist er alt, der Alte Wirt in Obermenzing –eine Institution, die die Erinnerung wach hält, dass Obermenzing einst ein
eigenständiges Dorf war. Aber mittlerweile haben es die „Stadte-
rer" längst eingemeindet und auch den 350-Mann/Frau-Biergar-
ten mehr oder minder in Beschlag genommen. Obwohl: Die zahl-
reichen Stammgäste wohnen in der Umgebung, und ihre Treue
spricht für die Qualität und Solidität des Wirtsehepaares Sophie
und Hans Stern. Ihre gute bayerische Küche von der Haxn bis zum
Tellerfleisch, von der kalten Brotzeit bis zu den Wurstspezialitäten
kann man nur empfehlen.

Die Preise für das servierte Essen (es gibt keine Selbstbedienung,
und Mitbringen eigener Brotzeit ist nicht erlaubt) halten sich im
Münchner Rahmen, nix ist ausg'schamt. Und das macht den
Alten Wirt zu einer besonderen Adresse, die nicht nur für die Ober-
menzinger interessant ist.

Biergärten in der Umgebung

von München

1

Alte Villa

ADRESSE

Alte Villa, Seestraße 32, 86919 Utting/Ammersee, Tel. 08806/617. Der Wirt ist Holger Pölitz.

ANFAHRT

Mit dem Auto über die Lindauer Autobahn (A96) bis Ausfahrt Schondorf/ Utting, dann die B12 bis Utting und dort den Schildern zum Campingplatz folgen. Unser Tagesausflugstip: Mit der S-Bahn (Linie S5) bis Herrsching, von dort mit dem Schiff bis Dießen, dann neun Kilometer-Fußmarsch (ca. zwei Stunden).

ÖFFNUNGSZEITEN

Täglich von 11 bis 23 Uhr.

FASSUNGSVERMÖGEN

600 Sitzplätze.

BIERSORTEN

Alle aus der Schlossbrauerei Kaltenberg, einschließlich König-Ludwig-Dunkel.

VERPFLEGUNG

Reichhaltige Selbstbedienungsstandl. Mitbringen eigener Brotzeit erlaubt.

KINDER

Spielplatz mit Schaukel und Rutsche, viel Grün direkt am Wasser.

Dieser Biergarten unter Bäumen direkt am Westufer des Ammersees zählt zu den empfehlenswertesten Ausflugstips. Leider hat sich dies schon weit reichend herumgesprochen. Inmitten des weitläufigen Areals steht eine Jugendstilvilla (daher der Name), die eine gehobene (und nicht billige) Küche bietet. Wesentlich preiswerter ist der Biergarten mit seinen 600 Plätzen, hervorragenden Brotzeit- und Grillstandln und vorzüglichen Ammerseerenken. Unser Tip: Jeden Sonntagvormittag jazzt eine Dixieband. Und wer einen Badeausflug mit einem Biergartenbesuch kombinieren will, ist in der Alten Villa genau richtig.

Am Ammersee lässt es sich gut baden und bräunen. Wem die Sonne zu warm wird, der kühlt sich mit einer Maß Bier in der Alten Villa.

66

Aubinger Einkehr

Neuaubing

Die Aubinger Einkehr bietet seit Jahr und Tag solide bayerische Küche und freundliche Gastlichkeit. 1200 Gäste fasst der saubere Biergarten, doch der Anteil des Stammpublikums ist hoch. Kein Wunder: Das Wirtsehepaar Aberger hat es verstanden, ohne Schickschnack und aufgesetzte Bayerntümelei eine konstant gute Küche bei bezahlbaren Preisen zu servieren.

Unser Essenstip: Krustlbraten oder Sülze mit Bratkartoffeln. Startrompeter Roy Etzel, der zu den Stammgästen zählt, hat dem Biergarten eine treffende Bemerkung gewidmet: „Wenn ich hierher komme, habe ich immer ein Stück Zuhause dabei." Stimmt!

ADRESSE
Zur Aubinger Einkehr, Gößweinsteinplatz 7, 81249 München, Tel. 089/ 87 55 81. Die Wirtsleute sind Heidi und Helmut Aberger.

ANFAHRT
Mit der S-Bahn (Linie S 5) bis Neuaubing, dann fünf Minuten zu Fuß. Mit dem Auto die Bodenseestraße stadtauswärts, an der Limesstraße rechts abbiegen, dann gleich wieder links.

ÖFFNUNGSZEITEN
Täglich von 10 bis 23 Uhr.

FASSUNGSVERMÖGEN
1200 Sitzplätze (mit Terrasse).

BIERSORTEN
Alle Biere von Löwenbräu.

VERPFLEGUNG
Auf der Terrasse nur Vollservice, im Biergarten Selbstbedienung oder Selbstverpflegung.

KINDER
Spielplatz.

Fast wie zu Hause fühlen sich die vielen Stammgäste in der traditionsreichen Aubinger Einkehr.

3

Bräustüberl Dachau

ADRESSE
Bräustüberl Dachau,
Schlossstraße 8,
85221 Dachau, Tel. 08131/
725 53. Die Wirtsleute
sind Ingrid und Alwin
Aumüller.

ANFAHRT
Mit der S-Bahn (Linie S2)
bis Dachau, danach mit
dem Bus in Richtung Alt-
stadt/Schloss oder 15-minü-
tiger Fußmarsch immer in
Richtung Schloss Dachau.

ÖFFNUNGSZEITEN
Täglich von 9.30 bis 23
Uhr, montags von 15 bis
23 Uhr.

FASSUNGSVERMÖGEN
800 Sitzplätze.

BIERSORTEN
Dachauer Helles vom Fass,
Ludwig-Thoma-Märzen
vom Fass, Franziskaner -
Weiße.

VERPFLEGUNG
Vollservice, Selbstbedie-
nung und Selbstversorgung
aus dem mitgebrachten
Brotzeitkorb.

KINDER
Neuer Spielplatz mit
Sandkasten und Rutsche.

Der beste Werbeträger dieses Dachauer Biergartens ist Ludwig Thoma. Nach ihm, dem urbajuwarischen Schriftsteller und Rechtsanwalt, ist das Märzenbier benannt, das es im Bräustüberl immer frisch vom Fass gibt. Doch Thoma, der Schöpfer der „Laus-bubengschichten" und der „Tante Frieda", wurde hier nicht posthum beerbt. Zwischen 1894 und 1897 war er in Dachau „Affikat" (also Anwalt) und praktizierte am Königlich-Bayeri-schen Amtsgericht Dachau.

Die alten Buchen und Linden, die dem Biergarten Schatten spen-den, müssen wohl aus seiner Zeit stammen, und man kann sich gut vorstellen, dass Ludwig Thoma schon damals sein Märzenbier (das heutige „Thoma") hier aus dem Maßkrug trank. Heute ist das Ambiente rund um die 800 Biergartenplätze zwar nach wie vor bayerisch, ein bisserl moderner halt als zur Zeit des Lederhosenli-teraten. Die Landcasanovas im Golf GTI, die Schimanski-Doublet-ten mit Schnurrbart sind auffällig, aber sie stören nicht. Dazu sind die urigen Stammgäste einfach in der Überzahl.

Unser Essenstip: Rollbraten, Leberkäs mit einem vorzüglichen Kartoffelsalat oder ein g'schmackiger Schweizer Wurstsalat. Auch so was gibt's in Dachau.

Fast so bayerisch wie zu Ludwig Thomas Zeiten ist das Bräustüberl, auch wenn heute Landcasanovas im Golf GTI mit von der Partie sind.

Bräustüberl Weihenstephan 4

Weihenstephan ist kein Nullachtfünfzehn-Ausflugstip, sondern dort muss man wenigstens einmal in seinem bayerischen oder norddeutschen Leben gewesen sein.

Denn hier befindet sich die Geburtsstätte des bayerischen Bieres in der (angeblich) ältesten Brauerei der Welt (1040). Zwar kannten schon die alten Ägypter vor 5000 Jahren ein bierähnliches Getränk – aber ohne Hopfen, und so was ist kein Bier (sagen jedenfalls die Benediktinermönche, die in Weihenstephan das Bier erfanden).

Und noch etwas wurde hier erfunden: der Obaazte, jener wunderbar-würzige Streichkäse aus Camembert, Butter, Zwiebeln, Paprika und Kümmel, frisch angerührt (bayerisch: obaazt), mit einem Bauernbrot eine immer gute Spezialunterlage für eine Maß Bier.

Die Bräustüberl-Wirtin Anna Müller hat diesen würzig schmackhaften Frischkäse übrigens 1920 kreiert. Und nach ihrem altbewährten Originalrezept wird er auch heute noch in Weihenstephan serviert. Doch der Hauptgrund, um nach Freising zu fahren, ist das süffige Bier im Bräustüberl: acht verschiedene Sorten, darunter vier Weißbiere. Das hat schon so manchen beim Verlassen des Biergartens umgehauen. Also Vorsicht!

ADRESSE
Bräustüberl Weihenstephan, Weihenstephan 1, 85354 Freising, Tel. 08161/13004. Die Wirtsleute sind Ruth und Reinhold Vögerl.

ANFAHRT
Mit der S-Bahn (Linie S1) bis Freising, dann zu Fuß. Mit dem Auto über die Deggendorfer Autobahn (A92) bis Freising-Süd, von dort Richtung Freising nach Weihenstephan, oder von München-Freimann über die B11 nach Weihenstephan.

ÖFFNUNGSZEITEN
Täglich von 10 bis 23 Uhr.

FASSUNGSVERMÖGEN
1000 Sitzplätze.

BIERSORTEN
Acht verschiedene Biere (darunter vier verschiedene Weißbiere) aus der Bayerischen Staatsbrauerei Weihenstephan.

VERPFLEGUNG
Vollservice an 500 Plätzen, an den restlichen 500 Plätzen sowohl Selbstbedienung als auch Selbstverpflegung.

KINDER
Spielplatz gegenüber.

Hier kommt der Obaazte her. Die Wirtin des Bräustüberls hat ihn 1920 erfunden.

5

Brückenwirt

ADRESSE
Brückenwirt, An der Grünwalder Brücke 1, 82049 Höllriegelskreuth-Pullach, Tel. 089/79 30 1 67. Die Wirtsleute sind Maria und Erich Müller.

ANFAHRT
Mit der S-Bahn (Linie S7) bis Höllriegelskreuth, dann fünf Minuten bergab zur Isarbrücke. Mit der Trambahn (Linie 25) bis Grünwald, von dort knapp zehn Minuten zu Fuß. Mit dem Auto entweder über Grünwald (östliche Isarseite) oder über Pullach (westliche Isarseite). Parkplätze sind allerdings reine Glückssache.

ÖFFNUNGSZEITEN
Täglich von 10 bis 24 Uhr.

FASSUNGSVERMÖGEN
400 Sitzplätze.

BIERSORTEN
Alle Löwenbräu-Biere, einschließlich Alkoholfrei.

VERPFLEGUNG
Vollservice. Das Mitbringen der eigenen Brotzeit ist erlaubt.

KINDER
Kein Spielplatz, aber viel zum Staunen, da hier die Anlegestelle der Isarflöße ist.

Die Lage des Wirtshauses samt Biergarten ist eindrucksvoll: am Isarufer, direkt am Isarkanal, nur wenige Minuten von den Burgen Schwaneck und Grünwald entfernt. Sogar ein alpiner Klettergarten liegt in unmittelbarer Nähe. Auch Action ist geboten, denn hier legen die Isarflöße an. Und deftig, was die Biergartenschmankerln anbelangt: Enten vom Grill und gute Fische. Rund 400 Plätze bietet der baumgeschützte Biergarten vor dem denkmalgeschützten altbayerischen Wirtshaus, wo's häufig am Sonntag auch Stubnmusi gibt. Doch ob man an einem sonnigen Wochenende ein Biergartenplatzerl kriegt, das ist Glückssache.

Zünftig geht's zu im Biergarten am altbayerischen Wirtshaus Brückenwirt. Am Sonntag spielt sogar die Stubnmusi.

Deininger Weiher

Großdingharting

Der Biergarten im Münchner Süden hinter Grünwald und Strasslach gilt immer noch als Geheimtip für Ausflugsradler. Ruhe, Natur, Wasser und jede Menge gesunde Luft (Biergarten direkt am Deininger Weiher) sind im Preis inbegriffen. Dazu kommen eine sehr gute Fisch- und Wildküche, eine gute Selbstbedienungsanlage und ein exzellentes Bier vom Trausteiner Hofbräuhaus.

Den vielen Radlern und sportiven Gästen, die am Deininger Weiher einkehren, hat die Wirtsfamilie dadurch Rechnung getragen, die Selbstbedienungs- und Servicerestauration den neubayerischen Essgewohnheiten anzugleichen und auch leichtere Alternativen zu Haxn und Schweinsbraten (die's natürlich auch gibt) in die Speisekarte aufzunehmen: Salate beispielsweise oder asiatische Reisgerichte. Neu im Angebot ist Tex-Mex-Food à la USA.

Als einheimisches Fischgericht ist der gefüllte Wildsaibling zu empfehlen.

Wer genug vom Biergarten hat, kann ein erfrischendes Bad im zwar moorigen, aber sauberen Weiher nehmen. Der absolute Kinderspaß: Sich mit der feuchten Moorerde einreiben und dann ab ins Wasser springen!

ADRESSE
Waldhaus Deininger Weiher, Gleißental 4, 82064 Großdingharting, Tel. 08170/924 50. Gastgeber ist die Wirtsfamilie Esser.

ANFAHRT
Mit der S-Bahn (Linie S2) bis Deisenhofen, dann sieben Kilometer zu Fuß auf markierten Wegen. Oder mit der S-Bahn (Linie S7) bis Höllriegelskreuth, dann mit dem RVO-Bus bis Großdingharting (15 Minuten). Mit dem Auto in Richtung Grünwald, kurz hinter Strasslach links ab nach Großdingharting. Ausreichend Parkplätze.

ÖFFNUNGSZEITEN
Täglich von 10 bis 24 Uhr.

FASSUNGSVERMÖGEN
350 Sitzplätze.

BIERSORTEN
Das Bier liefert das Hofbräuhaus Traunstein, das alkoholfreie kommt von Löwenbräu.

VERPFLEGUNG
Vollservice, Selbstbedienung. Verzehr der eigenen Brotzeit erlaubt.

KINDER
Kein Spielplatz, aber schöner Badesee mitten im Wald.

Der Moorweiher neben dem Biergarten lässt es vermuten: Hier gibt's auch guten Fisch.

7

Deutsche Eiche

ADRESSE
Deutsche Eiche, Ranert-
straße 1, 81249 München,
Tel. 089/864 90 00. Die
Wirtsleute sind die Familie
Mendel-Conrad.

ANFAHRT
Mit der S-Bahn (Linie S3)
bis Lochhausen, dann we-
nige Minuten zu Fuß. Mit
dem Auto die Verdistraße
stadtauswärts, kurz vor der
Stuttgarter Autobahn (A8)
rechts ab in die Pippinger
Straße, dann links in die
Lochhausener Straße, nahe
der S-Bahn-Station rechts
in die Ranertstraße.

ÖFFNUNGSZEITEN
Täglich von 9 bis 1 Uhr.

FASSUNGSVERMÖGEN
550 Sitzplätze.

BIERSORTEN
Königlich-Bayerisches Bier
aus Kaltenberg vom Fass
sowie Bitburger Pils vom
Fass.

VERPFLEGUNG
Nur Vollservice.

KINDER
Kein Spielplatz.

Ganz weit draußen im Münchner Westen steht ein Familiengast-
hof – nomen est omen – wie eine „deutsche Eiche". Das renovierte
und grundsolide geführte Anwesen der Wirtsfamilie Mendel-Conrad hat einen wunderschönen Biergarten vorzuweisen, der zur
gehobenen Kategorie zählt – ohne dass deshalb gleich die Preise
ins Astronomische schießen. Die äußerst reichhaltige Speisekarte
umfasst Edelgyros und Fisch, Spanferkel und Schweinsbraten,
Haxn und Makrelen. Hervorzuheben ist die gut sortierte Bierkarte
von Löwenbräu bis Bitburger Pils vom Fass. Ein empfehlenswerter
Biergarten mit 550 Sitzplätzen.

So stellen sich die Amerikaner
Deutschland vor: Mit Bier
und Brezn im Zuckerbäcker-
haus Deutsche Eiche.

Forsthaus Sankt Hubertus 8

Das Ausflugsgebiet im Münchner Osten ist das Stiefkind der Isarstädter. Sicherlich, das Fünfseenland zwischen Starnberger und Ammersee bietet mehr Bademöglichkeiten, gilt auch als schicker und trendiger. Wer will da schon den Ebersberger Forst dagegenhalten? Ein Irrtum. Hier gibt es alles, was man für einen zünftigen Ausflug braucht. Viel Wald, viel Grün, gute Luft, schöne Radlwege und zum Einkehren das Forsthaus Sankt Hubertus. 800 Biergartenplätze bietet dieses über 100 Jahre alte Wirtshaus, dazu einen tollen Abenteuerspielplatz für Kinder. Die Küche ist gut, die Schweiger-Biere sind gepflegt. Also hinradeln!

ADRESSE
Forsthaus Sankt Hubertus,
Im Ebersberger Forst,
85560 Ebersberg,
Tel. 08092/20496. Der
Wirt ist Gero Tiedtke.

ANFAHRT
Mit der S-Bahn (Linie S5)
bis Ebersberg, dann
45 Minuten zu Fuß – oder
mit dem Radl. Mit dem
Auto die Wasserburger
Landstraße (B304) nach
Ebersberg, dort links in
Richtung Markt Schwaben
abbiegen, kurz hinter dem
Ortsausgang von Ebersberg
nach links über das
Gewerbegebiet zum
Forsthaus.

ÖFFNUNGSZEITEN
Täglich von 10 bis 22 Uhr.

FASSUNGSVERMÖGEN
800 Sitzplätze plus 80 auf
der Terrasse.

BIERSORTEN
Schweiger-Privatbrauerei.

VERPFLEGUNG
Auf den Terrassenplätzen
wird bedient. Im Biergarten ist Selbstbedienung
am Kiosk und am Grill.
Eigene Brotzeit ist erlaubt.

KINDER
Großer Abenteuerspielplatz.

**Im Ebersberger Forst liegt
das gemütliche Forsthaus
Sankt Hubertus.**

9

Forsthaus Wörnbrunn

ADRESSE
Forsthaus Wörnbrunn,
Wörnbrunn 1, 82031
Grünwald, Tel. 089/
641 82 80. Der Wirt ist
Hanns-Werner Glöckle.

ANFAHRT
Mit der Trambahn (Linie
25) bis Grünwald, von
dort 30 Minuten Fuß-
marsch über die Wörn-
brunner Straße. Besser und
schneller: Radltour. Mit
dem Auto stadtauswärts bis
Grünwald, an der Ecke
Oberhachinger Straße links
abbiegen, bis zum Wald
vorfahren, dann links den
Schildern zum Forsthaus
folgen.

ÖFFNUNGSZEITEN
Täglich von 10 bis 24 Uhr.

FASSUNGSVERMÖGEN
400 Sitzplätze.

BIERSORTEN
Alle Biere von Paulaner.

VERPFLEGUNG
Vollservice à la carte.

KINDER
Kein Spielplatz, aber direkt
neben dem Biergarten ist
ein großer Fußball- und
Bollplatz zum Rumtoben.

Einst war hier das Reich „Napoleons", des legendären Münchner Wirteoriginals Richard Süßmeier. 1997 hörte der Gastronomen-Bonaparte auf, und ein ebenfalls gestandener Wirteprofi übernahm die noble Biergarten- und Gastwirtschaftadresse im Münchner Süden: der frühere Augustinerkeller-Chef Hanns-Werner Glöckle. Unter der Leitung von Küchenchef Andreas Geitl wurde speziell der Biergartenbereich einem „Relaunch" (wie es neubayerisch heißt) unterzogen – mit mehr Grün und mehr Plätzen und als großer Attraktion einer Freiküche (ab 18 Uhr): Die Gäste können der Küchenbrigade beim Kochen frischer und täglich wechselnder Speisen zuschauen – mal Schwammerl, mal Fisch. Jeden Tag erwartet den Gast eine kulinarische Überraschung. Wer die gutbürgerlich-bayerische Speisekarte bevorzugt, wird genauso zuvorkommend bedient. Das muss sich sogar bis in die höchsten Führungsetagen der Weltpolitik herumgesprochen haben: Einst gab sich hier US-Präsident Bill Clinton, der damals noch Gouverneur von Arkansas war, den Genüssen von Wörnbrunn hemmungslos hin. Wer aber auch mal einheimische Größen begutachten will, der ist hier schon ganz richtig: Denn es gibt hier jede Menge Grünwalder Prominenz zu bestaunen.

Elegant im Grünen empfängt heute der frühere Augustinerkeller-Chef Hanns-Werner Glöckle.

Forsthaus Kasten

Gauting-Neuried

Es gibt kaum einen Biergarten in und um München, der von so viel Grün umgeben ist wie das Forsthaus. Das hat zwei Vorteile: Als Radler kann man so richtig frei und gesund durchschnaufen, und es gibt weit und breit keine nörgelnden Nachbarn, die diese südwestliche Münchner Biergartenidylle kurz hinter Planegg juristisch behelligen könnten. Darum gibt es auch (in lauschigen Nächten) keine Sperrstunde, und wer Romantik liebt, bringe Teelichter mit – denn im Kerzenschein schmust und trinkt sich's einfach schöner. Unser Essenstip: Rescher Schweinsbraten, für den ein leibhaftiges Bioschwein sein Leben lassen musste.

ADRESSE
Forsthaus Kasten, 82131 Gauting-Neuried, Tel. 089/8500360. Die Wirtsleute sind Johanna und Johann Barsy.

ANFAHRT
Mit der S-Bahn (Linie S6) bis Gauting oder Stockdorf, dann 20 Minuten zu Fuß über ausgeschilderte Wege. Mit dem Auto über Neuried in Richtung Gauting. Nach etwa vier Kilometern finden Sie das Forsthaus Kasten auf der rechten Seite im Wald. Unser Tip: Radltour auf den gut ausgeschilderten Wegen.

ÖFFNUNGSZEITEN
Täglich von 11 bis open end.

FASSUNGSVERMÖGEN
1200 Sitzplätze.

BIERSORTEN
Alle Paulaner-Biere (Hell, Dunkel, Weißbier, Alkoholfrei).

VERPFLEGUNG
Vollservice, Selbstbedienung an Brotzeitstandln, Mitbringen eigener Brotzeit erlaubt.

KINDER
Großer Spielplatz mitten im Grünen.

Das richtige Ziel für den Familienausflug ins Grüne ist der Biergarten Forsthaus Kasten.

11 Klosterbrauerei Andechs

Andechs

ADRESSE
Klosterbrauerei Andechs, Bergstraße 2, 82346 Andechs, Tel. 081 52/37 60. Geistlicher Bierchef ist Pater Anselm.

ANFAHRT
Mit der S-Bahn (Linie S5) bis Herrsching, dann mit dem Bus bis Andechs – oder von Herrsching auf gut markierten Pfaden zu Fuß. Mit dem Auto über die Lindauer Autobahn (A96) bis Ausfahrt Herrsching, von dort über Herrsching bis Andechs.

ÖFFNUNGSZEITEN
Täglich von 10 bis 20 Uhr.

FASSUNGSVERMÖGEN
1000 Sitzplätze.

BIERSORTEN
Helles Spezial, Andechser Weißbier und Doppelbock Dunkel vom Fass (aber an Sonn- und Feiertagen kein Bockbier wegen „Absturzgefahr").

VERPFLEGUNG
Selbstbedienung.

KINDER
Kinderspielplatz auf halber Höhe des Heiligen Berges.

Der Heilige Berg am Ostufer des Ammersees ist ein „Muss" für jeden theologisch geprüften Biergartler, sogar Atheisten wurden im Schatten der schönen Rokokoklosterkirche mit verklärtem Blick auf die Andechser Dunkelmaß beobachtet. Für manche Liebhaber ist der Doppelbock sogar eine Religion in flüssiger Form. Seit mehr als 500 Jahren brauen die Andechser Mönche ihr eigenes Bier – und das hat sich mittlerweile bis Flensburg herumgesprochen. Zu Biergartenzeiten gehen monatlich locker 50000 Maß Bier über den Tresen, nur am Wochenende sollte man Andechs meiden. Es gibt dann einfach zu viele Bierpilger. Aber zwischen Montag und Freitag, wenn die Chance auf einen Sperrsitz an der Sonnenwand groß ist, da muss man hin. Die Schweinshaxn zum Bier ist ein Gedicht, und der selbst gebraute Klosterschnaps kann sogar Ungläubige zum Katholizismus bekehren. Wer sich seine Maß ergehen will, dem empfehlen wir den Wanderweg von Herrsching nach Andechs – nur am Ende warten 222 Stufen hinauf zum Biergarten. Unser Kulturtip zum Bier: Besuchen Sie die Rokokoklosterkirche. Es soll Andechsbesucher geben, die schon 50-mal im Biergarten, aber noch kein einziges Mal in der Kirche waren. Buße: Unverzüglich nachholen.

Erleuchtung in Andechs: Liebhaber haben den Doppelbock der Patres schon zur flüssigen Religion verklärt.

Schäftlarn

Der Biergarten am Klosterbräustüberl in Schäftlarn ist für Münchner Ausflügler wie für Touristen ein Standardtip. Die Anlage ist sauber und gepflegt, die Standlbrotzeit wie das servierte Essen sind ausgezeichnet. Das Publikum aus Isarpaddlern, Radlern, Bildungsreisenden und Grünwalder Nobelbürgertum ist bunt gemischt. Direkt gegenüber liegt die Klosterkirche Schäftlarn des Benediktinerordens, dessen Wurzeln in dieser Region bis 760 zurückgehen. Der große François Cuvilliés schuf im 18. Jahrhundert zusammen mit Johann Baptist Gunezrainer und Johann Michael Fischer die beeindruckende Klosterkirche.

ADRESSE
Biergarten am Klosterbräustüberl Schäftlarn, 82067 Ebenhausen-Isartal, Tel. 08178/3694. Der Wirt ist Josef Weh.

ANFAHRT
Mit der S-Bahn (Linie S7) bis Ebenhausen-Schäftlarn, dann etwa zehn Minuten zu Fuß. Mit dem Auto auf der Bundesstraße B11 über Grünwald nach Schäftlarn. Oder für Sportliche: mit dem Radl an der Isar entlang.

ÖFFNUNGSZEITEN
Täglich von 10 bis 23 Uhr.

FASSUNGSVERMÖGEN
400 Sitzplätze.

BIERSORTEN
Alle Biere von Löwenbräu.

VERPFLEGUNG
Vollservice à la carte, Selbstbedienung vom Brotzeitstandl. Mitbringen von eigenem Essen ist erlaubt.

KINDER
Spielplatz mit Sandkasten, Rutsche und Schaukel.

Im Schatten der riesigen Klosterkirche treffen sich Paddler, Radler und Nobelbürger.

13

Kraillinger Brauerei

ADRESSE
Kraillinger Brauerei, Margaretenstraße 59, 82152 Krailling, Tel. 089/ 8571718. Der Wirt ist Christoph Ziegelmayer.

ANFAHRT
Mit der S-Bahn (Linie S6) bis Planegg, dann mit dem MVV-Bus 67 bis Haltestelle Mitterweg, direkt am Biergarten. Zu Fuß vom S-Bahnhof Stockdorf gehen Sie rund zehn Minuten. Mit dem Auto die Lindauer Autobahn (A96) bis Ausfahrt Unterpfaffenhofen Germering, weiter über Planegg nach Krailling.

ÖFFNUNGSZEITEN
Täglich von 11 bis 23 Uhr.

FASSUNGSVERMÖGEN
2500 Sitzplätze.

BIERSORTEN
Alle Biere von Herrnbräu vom Fass.

VERPFLEGUNG
Vollservice an 150 Plätzen, bei den restlichen 2700 Plätzen Selbstbedienung vom Standl oder eigener Brotzeitkorb.

KINDER
Neuer Spielplatz mit bester Ausrüstung.

Der durstige Wanderer findet immer noch ein Plätzchen, weil der Biergarten der Kraillinger Brauerei noch nicht so überlaufen ist.

Ein noch nicht überlaufener Tip fürs Würmtal im Südwesten Münchens ist der Biergarten des Brauerei-Gasthofs in Krailling, seit 1995 unter neuer Führung: Christoph Ziegelmayer kümmert sich jetzt um das Wohl der Gäste.

Die Essenspalette ist breit gefächert, die Selbstbedienungsstandl sind sehr gut organisiert und ausgestattet. Süffig und gut: das Fassbier vom Ingolstädter Herrnbräu. Und noch einen Pluspunkt hat der Kraillinger Biergarten: den nagelneuen Kinderspielplatz, der mit bester Ausrüstung ausgestattet wurde. So können auch die Eltern in Ruhe ihre Bierchen zischen.

Kreitmair

14

Keferloh

Man kann den Kreitmair im Münchner Osten prominent vorstellen, in dem die Bundesligaprofis des FC Bayern als gern gesehene Gäste zitiert werden. Motto: „Leistung durch Weißbier". Doch historisch gesehen ist der Kreitmair die Geburtsstätte des Keferlohers, jenes traditionsreichen Steingutmaßkrugs, mit dem schon so manche Wirtshausrauferei ultimativ entschieden wurde. Hier, zwischen Haar und Putzbrunn, wurde Münchner Biergeschichte geschrieben, und der jetzige Gastronom, der Wiesn-Wirt Willy Kreitmair, setzt alles daran, diese Tradition lebendig zu halten und fortzusetzen. Damit sind nicht die Wirtshausraufereien gemeint, sondern die gelungene Verbindung von „g'scheit essen und gut trinken".

1250 Sitzplätze hat der Biergarten anzubieten, und die sind abends bei schönem Wetter meistens voll. Das Selbstbedienungsangebot in der Budenstraße ist hervorragend. Ein Tip für Bierkenner: Die Paulaner-Weiße kommt aus dem Holzfass. Für Nonkonformisten: Es gibt im Biergarten auch guten trockenen Weißwein.

Wer kein notorischer Kalorienzähler ist, dem seien die Spareribs und die Schweinsbraten ans Herz (und an den Gaumen) gelegt. Fazit: A saubere Sach', der Kreitmair. Prost!

ADRESSE
Gasthof Kreitmair, 85630 Keferloh 2, Tel. 089/46 92 48. Der Wirt ist Willy Kreitmair.

ANFAHRT
Mit der S-Bahn (Linie S5) bis Haar, von dort knapp 20 Minuten zu Fuß. Mit dem Auto (oder Radl) über die Wasserburger Landstraße (B 171) stadtauswärts bis Haar.

ÖFFNUNGSZEITEN
Täglich von 15 bis 22 Uhr (Ausschankende).

FASSUNGSVERMÖGEN
1250 Sitzplätze.

BIERSORTEN
Alle Biere von Paulaner, das Weißbier kommt aus dem Fass.

VERPFLEGUNG
Vollservice (bei etwa 130 Plätzen), der Rest Selbstbedienung in einer Budenstraße. Selbstverpflegung erlaubt.

KINDER
Kinderspielplatz.

„Leistung durch Weißbier" wird den Profis vom FC Bayern gern als Motto angedichtet, weil sie öfters beim Kreitmair einen heben gehen.

15 Kugler-Alm

ADRESSE
Kugler-Alm, Linienstraße 93, 82041 Oberhaching, Tel. 089/613 90 10. Der Wirt ist Hermann Haberl.

ANFAHRT
Mit der S-Bahn (Linie S2) bis Deisenhofen oder Furth, dann zehn Minuten zu Fuß. Mit dem Auto über die Zubringerautobahn (A 995) zur Salzburger Autobahn (A 8) bis Oberhaching, von dort nach Deisenhofen. Oder von Grünwald nach Deisenhofen. Unser Tip: Mit dem Radl vom Säbener Platz in Harlaching durch den Perlacher Forst.

ÖFFNUNGSZEITEN,
Montag bis Samstag von 11 bis 23 Uhr, am Sonntag ab 10 Uhr.

FASSUNGSVERMÖGEN
2500 Sitzplätze, 260 mit Bedienung.

BIERSORTEN
Alle Biere von Spaten-Franziskaner.

VERPFLEGUNG
Auf der Terrasse Vollservice, im Garten Selbstbedienung oder Verzehr der selbst mitgebrachten Brotzeit.

KINDER
Spielplatz mit Schiffschaukel, Hüpfburg und Miniriesenrad.

Die Kugler-Alm im Münchner Südosten ist ein beliebtes Ausflugsziel für Wanderer und Radler.

Hier wurde nicht nur anno 1922 die legendäre Radler-Maß erfunden, hier fühlen sich auch heute noch die Radler wie zu Hause. 500 Standplätze für Fahrräder stehen bereit, doch an sonnigen Wochenenden reichen sie bei weitem nicht aus. Der neue Wirt, der Münchner Gastrokönig Hermann Haberl, hat sogar eine eigene Pumpstation für schlaffe Radlschläuche montieren lassen, um den Gästen nach dem Genuss einiger süffiger Spaten-Maß die Heimfahrt zu ermöglichen. Die traditionsreiche Kugler-Alm ist generalsaniert und renoviert, ein altes neues Biergartenjuwel im Münchner Südosten mit 2500 Sitzplätzen.

Ihre Entstehung verdankt die Kugler-Alm übrigens dem Bau der Eisenbahnlinie von München nach Holzkirchen vor knapp 100 Jahren. Der Gleisarbeiter Franz-Xaver Kugler, den die ständigen Versorgungsschwierigkeiten mit Bier und Brotzeit ärgerten, kam auf die Idee, zunächst einen mobilen Biertransport zu organisieren und dann später ein „Waldrestaurant" zu bauen. Im Jahr 1922 an einem heißen Sommertag drohte ihm plötzlich das Bier auszugehen – worauf er es mit Limonade streckte und die Radler-Maß erfunden hatte. So einfach geht man in München in die Biergeschichte ein.

Kyprios im Alpenblick 16

Der Name dieses Biergartens am Ortsrand von Strasslach drückt eine geografische Spannweite aus: Mittelmeerambiente im Süden Münchens mit einem sensationellen Blick auf die Alpen. Ein Grund, das Kyprios als zypriotischen Exoten in unser Münchner Biergartenbuch aufzunehmen, auch wenn der pfiffige Wirt Lambos Zachariades mit der Münchner Biergartendogmatik (Selbstbedienungsstandl oder eigene Brotzeit) nichts am Hut hat. Es gibt zum fassfrischen Augustiner-Bier nur Essen à la carte – dafür von gehobener Mittelmeerklasse. Unsere Tips: Lammfleisch-Souvlaki oder Stifado (gezwiebelter Hase).

ADRESSE
Kyprios im Alpenblick, Riedweg 15, 82064 Strasslach, Tel. 08170/214. Der Wirt ist Lambos Zachariades.

ANFAHRT
Mit dem Auto über die Grünwalder Straße/Geiselgasteigstraße durch Grünwald bis Strasslach, dann gleich links. Es gibt rund 60 Parkplätze. Empfehlenswert ist eine Radltour durchs Isartal bis Grünwald, von dort auf dem Radlweg (parallel zur Staatsstraße Richtung Bad Tölz) bis Strasslach.

ÖFFNUNGSZEITEN
Montag bis Freitag von 17 bis 1 Uhr, Samstag und Sonntag von 11 Uhr vormittags bis 1 Uhr nachts.

FASSUNGSVERMÖGEN
300 Sitzplätze.

BIERSORTEN
Augustiner vom Fass.

VERPFLEGUNG
Vollservice à la carte.

KINDER
Schöner Spielplatz .

Griechenland im Alpenvorland: Im Kyprios gibt es griechische Küche zum bayerischen Bier.

17 Liebhard's Bräustüberl

ADRESSE

Liebhard's Bräustüberl zu Aying, Münchner Straße 2, 85653 Aying, Tel. 08095/1345. Die Wirte sind Walter Pacher und Josef Drexler.

ANFAHRT

Mit der S-Bahn (Linie S1) bis Aying, dann zehn Minuten zu Fuß. Mit dem Auto über die Salzburger Autobahn (A8) bis Ausfahrt Hofoldinger Forst, von dort nach Aying.

ÖFFNUNGSZEITEN

Täglich von 10 Uhr vormittags bis 1 Uhr nachts, am Sonntag von 9 Uhr vormittags bis 1 Uhr nachts.

FASSUNGSVERMÖGEN

500 Sitzplätze.

BIERSORTEN

Alle Fassbiere (einschließlich Dunkel) vom Ayinger Bräu.

VERPFLEGUNG

Vollservice à la carte, Selbstbedienung vom Standl. Mitbringen eigener Brotzeit ist erlaubt.

KINDER

Kein Spielplatz.

Ein idyllisch gelegenes Dorf, nahe und doch fernab der Großstadt, ein urbayerisches Wirtshaus mit guter Speisekarte, ein Spitzenbier direkt aus der Brauerei und ein Biergarten ohne Schickeria, aber mit solider Bodenständigkeit: Vom Bierdorf Aying und seinem Bräustüberl ist die Rede, das traditionsreich und verdient den Namen des Begründers der Ayinger Bierdynastie trägt: Johann Liebhard. Sein Nachfahre, der legendäre Bräu von Aying Franz Inselkammer, erhält diese Tradition aufrecht (allein 1997 vier Goldmedaillen für Ayinger Bierspezialitäten), und die Bräustüberlwirte Pacher & Drexler tun ihr Bestes im Sinne dieses guten Rufs.

In Liebhard's Bräustüberl gibt's das gute Ayinger Bier aus Eichenfässern.

Obermühlthal

Starnberg

Rein äußerlich gesehen ist das Wirtshaus Obermühlthal (zwischen Gauting und Starnberg) eine Bahnhofsgaststätte. Doch vergessen Sie alle Assoziationen an ungemütliche und schmuddelige Restaurationen dieser Art. Vor über 100 Jahren (1892) wurde die Gaststätte erbaut und war schon damals ein beliebtes Ausflugsziel der Münchner. König Ludwig III. hatte hier sogar ein eigenes „Königszimmer".

Das Obermühlthal, das in einem alten Bahnhofsgebäude samt Schienenstrang zur erstklassigen Wirtschaft ausgebaut wurde, ist mit seinem 550-Mann/Frau-Biergarten ein Supertip – der sich leider schon rumgesprochen hat, besonders am Wochenende. Aber unter der Woche: Nix wie hin. Die Hendl, der geräucherte Schinken, die Spareribs – wunderbar. Jedes Wochenende (und feiertags) wird ab 12 Uhr gejazzt, und dann geht die Post ab. Absolut empfehlenswert!

ADRESSE
Wirtshaus Obermühlthal, 82319 Starnberg, Tel. 08151/8585. Der Wirt ist Martin Rossmiller.

ANFAHRT
Mit der S-Bahn (Linie S6) bis Haltestelle Mühlthal, dann 200 Meter zu Fuß. Mit dem Auto über die Lindauer Autobahn (A96) bis Gräfelfing, von dort über Planegg und Stockdorf bis Mühlthal.
Unser Tip: Radltour durchs Würmtal.

ÖFFNUNGSZEITEN
Täglich von 10 bis 23 Uhr.

FASSUNGSVERMÖGEN
550 Sitzplätze.

BIERSORTEN
König-Ludwig-Dunkel, Helles, Prinzregent-Luitpold-Weißbier aus der Schlossbrauerei Kaltenberg.

VERPFLEGUNG
Vollservice und Selbstverpflegung.

KINDER
Kinderspielplatz.

Diese Bahnhofsgaststätte ist so vornehm, dass König Ludwig III. hier sogar ein eigenes „Königszimmer" hatte.

Pe. Es. Kottmeier

ADRESSE
Pe. Es. Kottmeier, Bräuhaus-
straße 18, 82152 Planegg,
Tel. 089/89 93 00 30. Der
Wirt ist Peter Schweizer.

ANFAHRT
Mit dem Auto über die
Lindauer Autobahn (A96)
bis Abfahrt Gräfelfing, von
dort nach Planegg. Park-
plätze in eingeschränktem
Maße vorhanden. Mit der
S-Bahn (Linie S6) bis
Planegg, vom Bahnhof
etwa 600 Meter zu Fuß bis
zum Biergarten.

ÖFFNUNGSZEITEN
Täglich von 12 Uhr mittags
bis 1 Uhr nachts.

FASSUNGSVERMÖGEN
350 Sitzplätze.

BIERSORTEN
Alle Biere der Ayinger
Brauerei vom Holzfass.

VERPFLEGUNG
Vollservice à la carte,
Selbstbedienung vom
Standl. Mitbringen eigener
Brotzeit ist erlaubt.

KINDER
Kein Spielplatz, aber viel
Grün an der Würm.

Ein Biergarten der etwas anderen Art ist der Pe. Es. im schönen Würmtal. Das geht schon beim Namen los. Kottmeier ist der traditionelle Hausname, bereits vor 350 Jahren stand hier eine hölzerne Postkutschenstation. Und der modisch-zeitgeistige Name „Pe. Es."? Er ist nichts anderes als die Abkürzung der Anfangsbuchstaben des rührigen Jungwirts Peter Schweizer. Er setzt eine über zehnjährige Familientradition in Planegg fort – und das sehr gut. Das Publikum der Planegger Kastanienoase hat einen nicht zu übersehenden Überschuss an Würmtal-Yuppies – gut gekleidet, schnell motorisiert, dialektisch markant („Host den Hasn da drüm gseng? Den reiß ma auf!").

Doch keine Vorurteile: Auch ganz biedere Biergartenbesucher kommen hierher, denn der Pe. Es. Kottmeier ist ganz einfach schön. Die Würm ist nah, die Kastanien sind schattig, und die Hendl schmecken ausgezeichnet.

**Hier regiert der Zeitgeist:
Draußen hängte der neue
Wirt sein „Pe. Es." vor den
alten Namen, und drinnen
sitzen die Yuppies.**

Karlsfelder Seehaus

Karlsfeld

Es ist gut, einen Platz zu kennen, wo die Welt voller Arbeit, Frust und Stress wieder ins Lot kommt. Sitzen, sinnieren, gut essen und trinken, und bei Bedarf eine Runde schwimmen – diese kleine Flucht hat einen Namen: Seehaus in Karlsfeld im Norden von München. Wer vor dem Genuss gerne sportelt, ist hier richtig: Man kann hier radeln oder kilometerlang rund um den See joggen oder auf den beiden öffentlichen Tennisanlagen ordentlich nach der Filzkugel dreschen. Oder – wie erwähnt – schwimmen. Die Maß Augustiner-Edelstoff im Biergarten oder auf der nobleren Terrasse schmeckt hinterher jedenfalls doppelt gut. Für Kinder und Senioren gibt's eigene, preisgünstige Tellergerichte, für Diätbewusste aufwendige und doch kalorienarme Salatteller.

Und noch ein Tip für Festorganisatoren: Das Seehaus verfügt über mehrere Räume zum Feiern jeder Art – vom Familiengeburtstag bis zur großen Hochzeitsgesellschaft.

ADRESSE
Karlsfelder Seehaus, Hochstraße 67, 85757 Karlsfeld, Tel. 08131/38270. Der Wirt ist Herbert Keil.

ANFAHRT
Mit der S-Bahn (Linie S2) bis Karlsfeld, von dort mit dem Bus (etwa zehn Minuten) direkt zum See. Mit dem Auto Dachauer und dann Münchner Straße mit dem Auto stadtauswärts. Am Ortsende Karlsfeld rechts ab ins (ausgeschilderte) Naherholungsgebiet. Es gibt ausreichend Parkplätze.

ÖFFNUNGSZEITEN
Täglich von 10 bis 24 Uhr.

FASSUNGSVERMÖGEN
1000 Sitzplätze.

BIERSORTEN
Helles und Edelstoff von Augustiner, Erdinger Weißbier.

VERPFLEGUNG
Terrasse mit Bedienung, Selbstbedienung im Biergarten. Mitbringen der eigenen Brotzeit ist erlaubt.

KINDER
Großer Spielplatz am See im Blickfeld der Eltern.

Eine ideale Oase, in die man sich nach einer Radltour gern flüchtet.

21 Schlossgaststätte Leutstetten

ADRESSE
Königlich-Bayerischer Biergarten der Schlossgaststätte Leutstetten, Altostraße 11, 82319 Starnberg, Tel. 08151/8156. Der Wirt ist Hans-Günter Sattleger.

ANFAHRT
Mit der S-Bahn (Linie S6) bis Mühltal, dann 15 Minuten zu Fuß. Mit dem Auto über die Garmischer Autobahn (A95) bis Starnberg, von dort Richtung Gauting, auf knapp halber Strecke rechts ab nach Leutstetten. Begrenzte Parkmöglichkeiten.

ÖFFNUNGSZEITEN
Täglich von 10 bis 22 Uhr, an den Wochenenden bis 23 Uhr.

FASSUNGSVERMÖGEN
500 Sitzplätze (einschließlich Terrasse).

BIERSORTEN
Alle Biere vom Fass aus der Schlossbrauerei Kaltenberg.

VERPFLEGUNG
Service à la carte, Selbstbedienung an den Brotzeitstandln oder Selbstversorgung mit eigener Brotzeit.

KINDER
Kein Spielplatz, aber die Speisen auf der Terrasse gibt's zum halben Preis.

Wer sich umschauen will nach Societyladys, TV-Stars und FC-Bayern-Spielern, der ist hier richtig.

Es gibt mehrere Königlich-Bayerische Biergärten in und um München, doch jener der Schlossgaststätte in Leutstetten (bei Starnberg) führt seinen Namen auch heute noch völlig zu Recht. Er liegt in unmittelbarer Nähe zum Wittelsbacher Schloss, in dem einst König Ludwig III. und Kronprinz Rupprecht lebten und in dem jetzt Prinz Ludwig von Bayern mit Prinzessin Irmingard residiert. Ihr Sohn Luitpold ist in Adels- wie in Bürgerkreisen besser als „Bier-Prinz" bekannt, denn er ist der Chef der Schlossbrauerei Kaltenberg. Keine Frage deshalb, dass dessen „adeliges" Bier im Königlich-Bayerischen Biergarten der Schlossgaststätte Leutstetten ausgeschenkt wird.

Trotz hocharistokratischer Nachbarschaft gibt man sich im Biergarten betont volkstümlich – auch im Essen. Der Schweinsbraten oder die halbe Ente sei jedem Besucher ans Herz und an den Gaumen gelegt, ebenso die frisch gegrillten Hendl vom Brotzeitstand. Und wer Prominente (zumindest optisch) genießen will, der ist hier richtig. Ob Societyladys, TV-Stars oder Bayern-Kapitän Lothar Matthäus – sie kommen auch hierher, weil's ein wirklich schöner Biergarten ist. Ein Kulturtip: Gleich neben dem Biergarten gibt es ein Bauerntheater.

Schlossgaststätte Mariabrunn

Mariabrunn

ADRESSE
Schlossgaststätte Maria-
brunn, 85244 Mariabrunn,
Tel. 08139/8661. Die
Wirtin ist Theres Stein-
mann.

ANFAHRT
Mit der S-Bahn (Linie S2)
bis Röhrmoos, dann zu Fuß
etwa 45 Minuten. Mit dem
Auto über Dachau in
Richtung Schönbrunn.

ÖFFNUNGSZEITEN
Dienstag bis Sonntag von
11 bis 22 Uhr. Montag ist
Ruhetag.

FASSUNGSVERMÖGEN
1300 Plätze.

BIERSORTEN
Helles und Dunkles vom
Fass aus der eigenen
Schlossbrauerei Maria-
brunn, Erdinger Weißbier
ebenfalls vom Fass.

VERPFLEGUNG
Selbstbedienung vom
Standl. Das Mitbringen ei-
gener Brotzeit ist erlaubt.

KINDER
Spielplatz mit viel Grün
und Wald.

Es geht das Gerücht um, dass in dem süffigen Bier aus der Schlossbrauerei Mariabrunn auch richtiges Heilwasser verbraut wird.
Früher kamen die Reisenden zwischen Dachau und Schönbrunn
wegen einer Heilquelle hierher. Die aber sprudelt heute unter
einem Dom schattiger Kastanien, wo an Holztischen die gut eingeschenkte Maß schäumt. Vor über 120 Jahren gründete die sa-
genumwobene „Doktorbäuerin" Amalie Hohenester die Schlossbrauerei – und das goldgelbe Bier in der Glas-Maß schmeckt auch
heute noch sagenhaft. Hervorzuheben sind auch noch die zahlrei-
chen Grillspezialitäten, die Ente und der Rollbraten.

Unter einem Dach schattiger
Kastanien schäumt die
gut eingeschenkte Maß und
schmeckt das Essen.

Schlosswirtschaft Freiham **23**

Den Namen dieses schönen Ausflugsbiergartens lieferte das benachbarte Schloss des Barons Maffee. Doch die Zeiten der Aristokratie sind vorbei, heute herrscht dort auf den 400 Biergartenplätzen unter großen Kastanien ein bürgerliches Vergnügen. Die Schlosswirtschaft ist besonders bei Familien und Radlern beliebt, die dort ihre Einkehrrunden drehen. Der Servicebiergarten hat eine schnelle Bedienung, die Portionen – besonders beim Spanferkel oder beim Tellerfleisch – sind sehr üppig. Wer's dezenter will, dem sei Mozzarella oder kalter Schweinerollbraten empfohlen. Für Kinder gibt's eine eigene Karte mit kleineren Portionen.

ADRESSE
Schlosswirtschaft Freiham, Freihamer Allee 21, 81249 München, Tel. 089/ 8711817. Der Wirt ist Markus Fröhlich.

ANFAHRT
Mit der S-Bahn (Linie S5) bis Neuaubing oder Harthaus, von dort 15 Minuten zu Fuß. Oder mit der Linie S6 bis Gräfelfing, dann zu Fuß oder mit dem Radl etwa 2,5 Kilometer durchs Grüne oder die Freihamer Allee entlang. Mit dem Auto die Bodenseestraße stadtauswärts bis Freiham, dort links in die Freihamer Allee abbiegen, weiter bis zum Schloss.

ÖFFNUNGSZEITEN
Täglich von 10 bis 23 Uhr. Montag Ruhetag.

FASSUNGSVERMÖGEN
400 Sitzplätze.

BIERSORTEN
Alle Biersorten (einschließlich Pils und Alkoholfrei) von Hacker-Pschorr.

VERPFLEGUNG
Vollservice, keine Selbstverpflegung.

KINDER
Kein Spielplatz, aber eigene Kinderkarte.

Hier wird man satt für sein Geld: Die Portionen sind üppig, besonders beim Spanferkel und beim Tellerfleisch.

24 Schlosswirtschaft Oberschleißheim

ADRESSE
Schlosswirtschaft Ober-
schleißheim, Maximilians-
hof 2, 85746 Oberschleiß-
heim, Tel. 089/315 15 55.
Der Wirt ist Carl Blaß.

ANFAHRT
Mit der S-Bahn (Linie S1)
bis Oberschleißheim, von
dort ein paar Minuten zu
Fuß. Mit dem Auto über
die Lerchenauer Straße
stadtauswärts nach Feld-
moching/Oberschleißheim.
Oder über die Deggen-
dorfer Autobahn (A92) bis
Ausfahrt Oberschleißheim,
dann den Schildern zum
Alten Schloss folgen.

ÖFFNUNGSZEITEN
Von 11 bis 22 Uhr bei
schönem Wetter.

FASSUNGSVERMÖGEN
1000 Sitzplätze.

BIERSORTEN
Alle Biere vom Staatlichen
Hofbräuhaus.

VERPFLEGUNG
Auf den 150 Terrassen-
plätzen gibt es Service à la
carte, im restlichen Groß-
teil des Biergartens ent-
weder Selbstbedienung
vom Standl oder Selbstverpflegung mit der eigenen
Brotzeit.

KINDER
Kein Spielplatz, aber große
Wiese direkt neben dem
Biergarten zum Spielen.

Wo früher nur die Schlossbediensteten speisten, darf
heute jeder zulangen.

Oberschleißheim

Die Biergartenwirtschaft hat bayerische Tradition. 1597 wähl-
te Herzog Wilhelm V., der Gründer des Hofbräuhauses, diese
wunderschöne Lokation als seinen Alterswohnsitz. Sein Sohn
Maximilian I. baute hier das Alte Schloss und die Schloßwirt-
schaft. Letztere diente ursprünglich nur der Verköstigung der
Schlossbediensteten, aber heute ist sie – ganz unaristokratisch –
ein beliebtes Ausflugsziel von Radlern, Wanderern und Anwoh-
nern. Als einzige Reminiszenz an jene gute alte Zeit ist die Brauerei
geblieben. Nach wie vor zischt das süffige Hofbräu-Bier aus dem
Holzfass – und: Die Schlosswirtschaft ist ein ursprünglicher Münchner Biergarten geblieben. Unter vielen Bäumen finden 1000
Gäste Platz. Der rührige Wirt, Carl Blaß, preist nicht zu Unrecht
seinen Brotzeitteller: Der Bauernpresssack ist wirklich gut und der
Obaazte zum frischen Brot ein Gedicht.

Zum Fischmeister

Ambach am Starnberger See

Der Ammerländer Biergarten an der Ostseite des Starnberger Sees zählt zu den In-Tips der Münchner Szene. Das hat drei Gründe: Einmal bewirtschaftet ihn ein Kollektiv, das eng mit dem alternativen Neuhausener Lokal Ruffini verbandelt ist, zum Zweiten gehört die Wirtschaft dem Bierbichler-Clan, dessen bemerkenswerteste Vertreter die Achternbusch-Schauspieler Sepp und Annamirl sind, und letztens spricht für den Biergarten seine einmalige Lage direkt am See. Für Biertrinker gibt es auch etwas Besonderes: Neben dem süffigen Kaltenberger Bölkstoff sind auch ein hervorragendes Unertl Weißbier, ein Biobier von Zwickl und ein Budweiser vom Fass im Angebot. Essensmäßig ist der Tafelspitz – wie schon der Name sagt – Spitze. Und wer kein Bier mag: Der italienische Wein ist von Kennern ausgesucht. Tip: Hinfahren. Vielleicht treffen Sie ja am Nebentisch den schrägen Herbert Achternbusch oder den scheuen Literaten Patrick Süskind.

ADRESSE
Zum Fischmeister, Seeuferstraße 31, 82541 Ambach am Starnberger See, Tel. 08177/533.

ANFAHRT
Mit dem Auto über die Garmischer Autobahn (A95) bis zur Abfahrt Starnberg, von Percha an der Ostuferseite über Kempfenhausen, Berg, Ammerland (oder Münsing) nach Ambach. Mit der S-Bahn (Linie S6) bis Starnberg, von dort mit dem Bus bis Ambach. Tip: Radltour von München bis Starnberg.

ÖFFNUNGSZEITEN
Mittwoch bis Freitag von 16 bis 22 Uhr. Samstag, Sonn- und Feiertage von 12 bis 22 Uhr. Montag/Dienstag geschlossen.

FASSUNGSVERMÖGEN
Knapp 100 Biergartenplätze, 60 Terrassenplätze.

BIERSORTEN
Helles und Dunkles vom Fass aus Kaltenberg, Unertl Weißbier, Budweiser vom Fass, Biobier von Zwickl.

VERPFLEGUNG
Vollservice, Selbstbedienung nur bei Getränken, keine Selbstversorgung.

KINDER
Kein Spielplatz.

Im Fischmeister am Starnberger See trifft man scheue Literaten und schräge Schauspieler.

26

Zum Fischmüller

Aubing

ADRESSE
Zum Fischmüller, Germeringer Weg 6, 81245 München, Tel. 089/863 42 43. Die Wirtin ist Angelika Oberndörfer.

ANFAHRT
Mit der S-Bahn (Linie S4) bis Aubing, von dort wenige Minuten zu Fuß. Mit dem Auto die Bodenseestraße stadtauswärts, in Neuaubing in die Limesstraße nach rechts abbiegen, an der Aubinger Kirche links um die Ecke.

ÖFFNUNGSZEITEN
Täglich von 9 Uhr vormittags bis 1 Uhr nachts. Dienstag ist Ruhetag.

FASSUNGSVERMÖGEN
600 Sitzplätze.

BIERSORTEN
Alle Biere von Löwenbräu.

VERPFLEGUNG
Vollservice, Selbstbedienung oder Mitbringen der eigenen Brotzeit.

KINDER
Spielplatz mit Schaukel, Sandkasten und Klettergerüst.

In der Nähe der Aubinger Kirche liegt dieser familienfreundliche Biergarten mit einem schönen Kinderspielplatz. Spezialität dieser Löwenbräu-Wirtschaft sind die geräucherten Forellen und die exzellenten Haxn. Am Sonntag lässt die neue Wirtin, Angelika Oberndörfer, die Blasmusi aufspielen. Und einen weiteren Coup hat sich die Wirtin einfallen lassen – sozusagen als Antwort auf Münchens unbeständiges Biergartenwetter: Im Garten steht ein 70-Mann/Frau-Zelt, regenwasserdicht und beheizbar. Angenehm ist auch der S-Bahn-Anschluss um die Ecke. Da fallen der Verzicht aufs Auto und die Genehmigung einer zweiten Maß umso leichter.

Zwar gibt es beim Fischmüller genügend Platz für Fahrräder, doch noch bequemer geht es mit der S-Bahn in den Biergarten.

Zum Unter'n Wirt

Schöngeising

Die Spider Murphy Gang hat Fürstenfeldbruck einen eigenen Song gewidmet – „FFB". Das hat die Bewohner der Kreisstadt im Westen Münchens nicht unbedingt beliebter gemacht. Doch wahrscheinlich sind die isarstädtischen Vorbehalte gegen ihre FFB-Nachbarn genauso irrational wie die Gegnerschaft von Bayern und Österreichern. Also: Versöhnung ist angesagt, und wo könnte man das nicht besser machen als im Superbiergarten vom Unter'n Wirt (vormals: Braumiller) in Schöngeising bei FFB. Man sitzt hier wunderschön im Grünen unter Kastanien, direkt an der Amper, und hat eine gut sortierte Selbstbedienungspalette zur Auswahl bei einer gepflegten Spaten-Maß.

Aber spätestens nach der zweiten Maß kann man als Münchner über die Fürstenfeldbrucker zu sinnieren beginnen und über jenes Sühnekloster namens Fürstenfeld, das der von Gewissensbissen geplagte Bayernherzog Ludwig II., genannt „der Strenge", errichten ließ, nachdem er seine Ehefrau Maria von Brabant hatte enthaupten lassen – wegen ehelicher Untreue. Was sich aber im Nachhinein als falsche Anschuldigung entpuppte. Aber da war der Kopf schon herunter … Darum Nachsicht mit FFB und Prost beim Unter'n Wirt!

ADRESSE
Zum Unter'n Wirt, Kirchstraße 2, 82296 Schöngeising/Unterdorf, Tel. 08141/12749. Die Wirtsleute sind Maria und Hans Burkart.

ANFAHRT
Mit der S-Bahn (Linie S4) bis Schöngeising. Mit dem Auto über die Stuttgarter Autobahn (A8) bis zur Abfahrt Fürstenfeldbruck, dann auf der B471 bis zur Ausfahrt Schöngeising/Unterdorf.

ÖFFNUNGSZEITEN
Täglich von 10 bis 23.30 Uhr.

FASSUNGSVERMÖGEN
400 Sitzplätze.

BIERSORTEN
Alle von Spaten plus Franziskaner-Weiße.

VERPFLEGUNG
Vollservice.

KINDER
Schöner Spielplatz.

Die FFBler unter sich:
Unter zwei Maß geht nix.

28 Zum Wildpark

ADRESSE
Gasthof zum Wildpark,
Tölzer Straße 2,
82064 Strasslach,
Tel. 08170/635. Der Wirt
ist Anton Roiderer.

ANFAHRT
Mit dem Auto die Grün-
walder/Geiselgasteiger
Straße stadtauswärts
(Richtung Bad Tölz) und
über Grünwald bis Strass-
lach. Vor dem Gasthof gibt
es rund 100 Parkplätze.

ÖFFNUNGSZEITEN
Montag bis Sonntag
von 10 bis 24 Uhr. Kein
Ruhetag.

FASSUNGSVERMÖGEN
600 Sitzplätze.

BIERSORTEN
Alle Biere von Hacker-
Pschorr. Ab 17 Uhr
Edelhelles vom Holzfass.

VERPFLEGUNG
Vollservice, Selbstbedie-
nung nur bei Getränken
möglich. Mitbringen eige-
ner Brotzeit nicht erlaubt.

KINDER
Spielplatz mit Schaukel
und Rutsche.

Das Wirtshaus und der Biergarten verdanken ihren Namen dem Bayernkönig Max II., der im Grünwalder Forst einen Wildpark anlegen ließ, um schneller und besser ein Tier vor die Jagdflinte zu bekommen. Erschossen wird heute in Anton Roiderers vorzüglicher Gaststätte keiner mehr. Dafür kommen die fleischlichen Genüsse direkt aus der hauseigenen Metzgerei – die Gerichte schmecken besonders gut. Nicht umsonst hat die Hacker-Pschorr-Brauerei den „aushäusigen" Metzgermeister und Gastronomen Roiderer zu ihrem Wiesn-Festwirt gemacht – der Mann versteht sein Handwerk. Hervorragend schmecken das Ochsenfleischragout und die kälberne Briesmilzwurst, auch die kalte Brotzeitküche zählt zur gehobenen Klasse.

Fazit: Ein Ausflugsbiergarten – 15 Kilometer von München über Grünwald mit dem Radl (oder Auto) – der wirklich guten Kategorie. Also, auf geht's nach Strasslach.

Hinter Blumenhecken liegt der Biergarten Zum Wildpark in Strasslach. Besonders das Fleisch aus der eigenen Metzgerei schmeckt vorzüglich.

Zur Mühle

Ismaning

Keuschheit hin, Enthaltsamkeit her. Dass Mönche (und die bayerischen im Besonderen) etwas von Bier und Gemütlichkeit verstanden, ist historisch verbürgt. Bis ins Jahr 1160 zurück lässt sich die Geschichte der alten Mühle in Ismaning verfolgen, und an der Stelle, wo heute der danach benannte Biergarten steht, tafelten im Mittelalter die Schäftlarner Mönche, denen die Ismaninger Mühle samt Wirtschaft gehörte. Und noch was Historisches: Seit Mitte des vorigen Jahrhunderts bewirtschaftet die Familie Seidl das Gasthaus Zur Mühle – und man schmeckt es: Tradition verpflichtet. Für Radlausflügler vom Englischen Garten (sehr empfehlenswert!) ist die Mühle ein idealer Zielpunkt. Die Brezn sind stündlich frisch gebacken, der Obaazte genau richtig, die Hacker-Pschorr-Maß gut eingeschenkt. An den Brotzeitstandln kann auch größerer Hunger gestillt werden. Oder man lässt sich auf der Terrasse mit bayerisch-internationaler Küche verwöhnen.

ADRESSE
Zur Mühle, Kirchplatz 3, 85737 Ismaning, Tel. 089/ 960930. Der Wirt ist Anton Seidl mit Familie.

ANFAHRT
Mit der S-Bahn (Flughafen-linie S8) bis Ismaning, von dort zwei Minuten zu Fuß. Mit dem Auto über die Oberföhringer und Münchner Straße stadtauswärts bis Ismaning. Empfehlenswert: Mit dem Radl durch den Englischen Garten an der Isar entlang.

ÖFFNUNGSZEITEN
Täglich von 12 bis 22.30 Uhr.

FASSUNGSVERMÖGEN
600 Sitzplätze.

BIERSORTEN
Hell, Dunkel, Weißbier und Alkoholfreies von Hacker-Pschorr.

VERPFLEGUNG
An den rund 100 gedeck-ten Plätzen Vollservice, an den restlichen 500 Plätzen Selbstbedienung oder Selbstversorgung.

KINDER
Kein Spielplatz.

Seit mehr als 800 Jahren schäumt hier das Bier. Im Schatten der Kastanien gibt es heute Hacker-Pschorr, frische Brezn und Obaaztn.

Bildnachweis

Alle Fotos von Christine Strub, München

Zusätzliche Fotos von: S. 43: Mangostin, München;
S. 42: Löwenbräu AG, München; S. 29, 44, 47, 60: AZ-Archiv,
München; S. 50: Salvator-Keller, München; S. 71: Gunther
Intelmann, Germering; S. 85: Petra Schramek, München;
S. 91: Zum Fischmeister, Ambach; S. 93: Hans Burkart,
Schöngeising.

Impressum

© 1998 Südwest Verlag GmbH in der
Verlagshaus Goethestraße GmbH & Co. KG,
München
2. Auflage 1998

Redaktion: Bettina Huber, Karin Stuhldreier
Umschlag: Christine Paxmann unter Verwendung eines
Fotos von Christine Strub vom Chinesischen Turm im
Englischen Garten in München
Satz/Layout: AVAK Publikationsdesign, München
Produktion: Manfred Metzger
Druck und Bindung: Gorenjski Tisk, Kranj, Slowenien
Printed in Slovenia

Gedruckt auf chlor- und säurearmem Papier

ISBN 3-517-07668-6